교회가 세상의 빛과 소금이 아니라 "걱정"인 시대다. 교회는 깨어나야 하고 신자들도 정신 바짝 차려 복음의 참된 실천에 집중해야 한다. 이를 위해 이 책은 "노마드 교회"를 소개한다. "노마드 교회"는 떠돌아다니는 유목의 교회가 아니라 제사장 중심적인 수직적 교회의 틀을 벗어난 수평적 교회를 의미한다.

이 책은 죽은 뒤의 천국이 아니라 살아 있는 "하나님 나라"를 실현하기 위해 시대를 직시하고 정의와 진리를 지키고 실천해야 한다는, 복음의 적극적 이해를 다진다. 또한 교회의 벽 안에 갇힌 게 아니라 세상에서 빛과 소금이 되기 위해 사회적 실천을 솔선하는 신앙을 요구한다. 특히 저자는 이 땅의 청년들에 대한 따뜻한 관심과 응원을 복음의 해석과 실천 속에서 강조한다. 그가 외치는 대로 청년들의 제자훈련은 교회의 양적 팽창을 의미하는 부흥이 아니라, 세상 속에서 복음을 실천하고 불의에 의연히 저항하며 자신들의 뜻을 실현해가는 복음 정신으로 회귀함에 있어야 한다.

힘들고 거친 세상, 불의가 정의를 조롱하는 사회다. 이제 우리는 그 현실을 외면하는 교회와 신자여서는 안 된다. 교회와 신자로서 올바른 복음 정신으로 돌아가 그것을 실천할 때 우리는 비로소 "하나님의 자녀"라고 고백할 수 있다. 시대정신을 직시하고 미래 의제를 끌어낼 수 있는 수평적 교회와 사회적 정의를 지켜내는 신념의 신앙이 필요한 때다. 특히 청년들에 대한 공감과 책임 의식을 놓치지 말아야 한다. 이 책이 신학적 서술보다 사회적 실천과 교회의 재정립을 강조하는 것은 그런 이유 때문일 것이다. 교회와 신자가 바뀌면 세상의 절반쯤은 바뀔 수 있다.

김경집 인문학자, 『눈먼 종교를 위한 인문학』 저자

이 책은 하나님의 말씀인 성경을 무수하게 읽고 묵상하고 고민하면서 성경이 제시하는 하나님 나라 복음 위에서 우리 교회와 일상의 현실을 바라보려는 저자의

추구와 모색을 가득 담고 있다. 우리와 다른 집단에 대한 두려움과 혐오, 권력을 동원한 금지와 탄압에 기생하는 우리네 교회의 현실은 실상 복음의 능력과 권세를 포기한 행태라고 할 수 있다. 이 책은 복음 그 자체의 풍성함과 함께 복음이 담고 있는, 혐오를 넘어선 사랑의 능력을 쉽고 간결하게 풀어낸다.

김근주 기독연구원 느헤미야 학술부원장

이 책은 하나님 나라 운동가의 땀이 밴 소중한 책이다. 한국교회의 이 혹독한 겨울 속에서도 복음과 함께 자유로이 살아가는 청년 목회자인 저자가 방방곡곡을 돌며 노래하듯 선포하던 하나님 나라의 복음이 또다시 책으로 우리 손에 오게 되었다. 젊은 기독교를 꿈꾸는 한국교회의 노마드들에게 이 책은 광야의 새벽이슬과 같은 청명함을 안겨줄 것이다.

박정수 성결대학교 신약학 교수

기독교의 본질은 무엇일까? 기독교는 이미 이 땅에서 낯익고 흔한 현실이 되었지만 이 질문에 지체 없이 간단명료하게 답할 수 있는 사람은 그리 많지 않을 것이다. 같은 십자가 밑에서 하나님께 예배하고 성경과 신학에 관해 논하며 예수와 복음을 전하지만, 기독교인들의 신앙과 실천은 각자의 신학적 배경, 개인적 체험, 이념적 지향에 따라 매우 다양하며 서로 이질적이기까지 하다. 그 결과 특정 부류 간의 오해와 혐오, 갈등의 골이 깊은 것이 사실이다. 이런 현실 속에서 이 책은 기독교의 본질을 "하나님 나라"로 이해하고, 이 땅에 실현될 하나님 나라의 실체를 성경과 일상을 넘나들며 진지하고 치밀하게 탐구한다.

젊은 목회자인 저자가 기독교의 본질을 이 땅에 실현될 하나님 나라로 파악한 것이 고마울 뿐이다. 뛰어난 성경 교사로서 하나님 나라의 실체를 설명하며 성경과 일상의 균형을 유지하려는 노력이 소중하게 느껴진다. 게다가 이 시대의 기독교인으로서 개인과 사회, 교회와 세상, 이상과 현실 사이에서 발생하는 민감한 주제들을 하나님 나라의 관점에서 정직하고 용감하게, 그리고 지혜롭게 다루려는 모습은 감동적이기까지 하다.

외국 학자들의 뛰어난 학문적 업적을 국내에 소개하는 것도 소중한 작업이다. 과거의 신학적 유산을 성실하게 보존하는 것도 우리의 당연한 사명이다. 하지만 시대의 현실 안에서 성경을 읽고, 우리가 직면한 문제들을 신학적으로 숙고하며, 그 결과물을 동시대인들과 공유하는 것이야말로 오늘날 한국교회에 절실히 필요한 과제요 사명이다. 이런 맥락에서 이 책은 한국교회를 향한 소중한 선물이다. 이 땅에 하나님 나라가 이루어지기를 소망하며, 이 책이 널리 읽히길 바란다.

배덕만 기독연구원 느헤미야 전임연구원, 백향나무교회 담임 목사

전국의 교회를 대상으로 강연을 다니며 현장의 소리를 경청하고 하나님 나라 운동을 늘 고민하는 저자는 한국교회를 향한 "사이다 발언"을 쏟아낸다. 지나치게 성과와 긍정의 힘을 강조하는 피로 사회는 이제 "피로 교회"까지 만들어냈다. 해결책은 무엇일까? 이 책은 우리에게 하나님 나라를 위한 노마드가 되라고 제안한다. 나는 이 책을 읽으면서 "그래, 바로 이거야!"를 연발하며 가슴이 뻥 뚫리는 느낌을 받았다. 이런 논의야말로 복음의 이름으로 성과와 돈, 갑질이 자리 잡은 한국교회에 필요한 사회복음이고 "안식"이구나 싶었다. 경험과 진심에서 나온 글은 늘 설득력이 있다. 단숨에 읽은 책이지만 두고두고 다시 읽고 싶은 책이다.

이민규 한국성서대학교 신약학 교수

노마드 교회

일상에 임한 하나님 나라

노마드 교회

일상에 임한 하나님 나라

신성관 지음

새물결플러스

목차

서문　10

1장 하나님 나라란 무엇인가?　31
2장 하나님이 통치하시는 나라의 기초 질서　41
3장 하나님 나라의 기초 질서 I : 하나님 나라의 수직적 질서　53
4장 하나님 나라의 기초 질서 II : 하나님 나라의 수평적 질서　63
5장 하나님 나라와 인간　89
6장 정의와 공의에 입각한 하나님의 통치　95
7장 하나님 나라의 회복　107
8장 가나안에 꽃피는 하나님 나라　117
9장 피라미드 사회에 역행하는 하나님 나라　131
10장 브레이크 없는 세상과 하나님 나라의 제동장치　143
11장 하나님 나라와 자본　167
12장 하나님을 기억하는 세상　179
13장 하나님에 대한 신뢰를 드러내는 방법　193
14장 하나님 나라와 정결법　205

15장 노마드 교회 215

16장 이 땅에 남겨진 노마드 227

17장 경계에서 살아가는 공동체의 기도 235

18장 하나님 나라의 일상화 245

19장 하나님 나라의 통치 받기 : 예수 바로 알기 257

20장 하나님 나라와 로마 제국 263

21장 하나님 나라와 영적 전쟁 269

22장 하나님 나라와 교회 277

맺는말   288

서문

『Simply Gospel』, 『Simply Bible Plus』를 출간한 후 벌써 1년여의 시간이 흘렀다. 그동안 두 권의 책을 교재 삼아 청년들을 대상으로 한 강의에 매진해왔다. 본격적으로 강의 사역을 시작한 것이 2014년 즈음이니, 그것도 어느새 3년 전 이야기다. 청년들에게 하나님 나라를 전하고 나누는 일은 내 인생의 목표이자 꿈이었기에 청년들과 만나는 한 시간 한 시간이 더없이 소중했다.

지금까지 Simply 시리즈는 원 없이 강의한 듯하다. 앞서 출간한 두 권의 책에 이어 세 번째 책을 구상하게 된 이유는 강의를 하면서 만난 청년들과 나눈 대화를 토대로 책을 쓰면 좋겠다는 생각을 했기 때문이다.

청년들을 위한 하나님 나라에 관한 책이 있어야겠다는 생각을 한 후, 이 책을 쓰기 위해 청년들을 만나 그들의 이야기를 많이 들으려 노력했다. 그동안은 "원론" 중심의 하나님 나라를 나누었다면, 이제는 청년들이 실제적으로 갖고 있는 하나님 나라에 대한 생각과 여러 가지 의문을 다룬 책을 쓰고 싶었다.

노마드 교회

책을 읽어보면 알겠지만 이 책에서 나는 청년 세대의 신앙의 발자취를 되돌아보며 겹겹이 쌓인 잘못된 신앙관을 비판하며 많은 의문을 제기했다. 또한 이 책을 통해 "월화수목금금금"의 삶을 사는 청년들에게 작게나마 위로가 되기를 희망했다. 청년 신앙에 대한 문제가 안이하게 다루어질 내용은 아니지만 그럼에도 가볍게 읽을 수 있는 책을 쓰기 위해 노력했다. 또한 이 책이 청년 목회를 준비하는 교회와 목회자에게 작은 울림이 되는 책이 되기를 바란다. 부담 갖고 밑줄 그을 필요 없이 마음 편히 공감하며 읽어주면 좋겠다.

본격적인 이야기를 시작하기 전에 감사의 마음을 전하고 싶다. 이 책이 나오기까지 수고해준 사랑하는 아내 장희연 사모와 가족, 그리고 더함교회 성도 모두에게 감사드린다.

청년 신앙의 발자취

한국교회에서 "청년"이라고 불리는 세대가 걸어온 신앙의 발자취를 돌아보면 그야말로 "혼돈" 그 자체다. 20대 후반에서 40대 초반인 이들은 1970-80년대 전통 예배가 이루어지던 시대에 태어나 90년대에 이르러 열린 예배의 열풍을 몸소 체감했다. 이 시기 교회에는 찬양 예배가 도입되었고 그에 따라 화려한 조명과 악기들이 급격히 유입되었다. 아마도 이 시기에 낙원상가 역시 가장 큰 부흥을 이뤘을 것이다.

당시 대부분의 교회는 찬양팀을 결성하는 동시에 신디사이저와 드럼을 무조건 사는 것이 대세였다. 학생부와 청년부가 부흥의 열쇠로 손꼽는 것은 더 이상 "농구 골대"가 있는 교회가 아닌 "찬양팀"이 있는 교회였고 이러한 추세에 힘입어 교회에는 바야흐로 찬양팀 시대가 도래했다.

하지만 2000년대 초반까지 이어진 열린 예배 열풍은 예배의 본질이 어디에 있느냐에 대한 문제가 대두되면서 수많은 비판을 받게 된다. 예배의 80%가 찬양으로 구성된 예배에서 정작 하나님의 말씀은 부족하다는 비판이 여기저기에서 쏟아져 나왔다. 실제 많은 교회에서 당시 구입한 악기들이 방치된 채 굴러다녔고 열린 예배를 표방한 찬양 예배 열풍은 빠른 속도로 사그라졌다.

한편, 기독교 서적에서는 마케팅에 물든 기독교계를 비판하는 글들이 줄을 이으면서 그 대안으로 신앙의 "본질"을 회복해야 한다는 주장이 주류 기독교 서적을 중심으로 대두되었다. 대표적인 예로는 폴 워셔와 존 파이퍼 목사의 책을 들 수 있으며 우리나라에는 2007-8년 쯤 상륙한 것으로 파악된다.

그런데 이러한 말씀 중심의 회복 운동은 『목적이 이끄는 삶』, 『긍정의 힘』 등의 책들이 유행처럼 번지면서 저급한 신앙 운동으로 전락하고 말았다. 그나마 몇 년 지나지 않아 큐티 운동이 잠깐 등장했는데 이 또한 명목상 말씀이 중심이 된 운동이었지만 이렇다 할 만한 결과로 이어지지는 않았다. 지금 생각해보면 "말씀"에 초점을 둔 개혁 운동이 뿌리내리기에는 "기초"가 부족하지 않았나 싶다.

그렇게 갈피를 잡지 못하고 흔들리던 기독교계는 이후 다시 한 번 "긍정 운동"에 대한 비판이 대두되면서 이후에는 "제자훈련"이 부상하기에 이르렀다. 이러한 추세는 다수의 교회에서 공감대가 형성되면서 힘을 얻었고 당시 교회는 제자훈련을 하는 교회와 하지 않는 교회로 나뉠 정도로 제자훈련은 대한민국 교회를 이끄는 대세 흐름으로 자리 잡았다. 그리고 그 중심에는 초대형 교회가 있었다.

제자훈련은 본래 오래된 콘텐츠이지만 그동안은 주목받지 못하다가 새롭게 대두되기 시작했고 몇몇 초대형 교회에서 재생산되면서 이후 다수의 교회가 벤치마킹하기 시작했다.

그런데 아쉽게도 많은 목회자들이 제자훈련 콘퍼런스에 참석할 때 "제자훈련"의 가치를 교회의 양적 부흥 비법에만 한정시켜 생각함으로써 그 시작은 훌륭했지만 날이 갈수록 본질이 변질하는 한계를 드러냈다. "제자훈련"을 교회를 부흥시켜주는 하나의 비법으로만 바라본 것이 화근이었다.

강남의 모 교회처럼 교회가 부흥하는 비법으로 "제자훈련"을 바라본 결과는 이후 제자훈련과 부흥 비법 소스가 함께 버무려진 양육 프로그램의 등장으로 이어졌다. 이 양육 프로그램에는 제자훈련과는 다른 "재생산"이라는 별도의 단계가 더해졌고 이것은 제자훈련을 더 이상 "양육"이 아닌 "사람 데려오기" 프로그램으로 전락시키는 데 결정적인 계기를 제공했다.

이처럼 지금의 청년들은 교회 안에서 수없이 많은 추세 변화를 겪으며 자라왔고 그러한 악순환은 현재도 이어지고 있다. 이들 세대는 매해 강조점이 바뀌고 프로그램 역시 변화하는 교회를 체험하며 신앙생활을 하고 있으며 지금 이 순간에도 역시 그간의 모든 프로그램을 이수한 뒤 다시 초대형 교회의 의자에 앉아 다음 프로그램을 기다리고 있다. 사정이 이렇다 보니 청년들이 주체적이고 능동적인 신앙생활을 하지 못하고 목회자와 교회에 모든 것을 의지한 채 무기력한 신앙생활을 이어가고 있는 것도 무리는 아니다.

교회에서 요구하는 프로그램을 이수하면 훌륭한 제자와 신앙인이 된다는 말을 믿고 끝까지 순종한 일명 "착한 청년들"은 길을 잃고 헤매고 있다. 심지어 신앙에 대한 회의감을 품은 채 자신이 무엇을 믿는지도 모르고 아무 생각 없이 다음 프로그램을 기다리는 청년들이 부지기수다. 게다가 더 큰 문제는 이러한 청년들을 어느 누구도 책임지지 않는다는 점이다. 설상가상으로 요즈음의 교회는 청년들에게 이렇게 말한다.

"요즘 청년들은 참 생각이 없어."

이렇게 말하는 분들에게 묻고 싶다. 생각 없는 그리스도인을 만든 장본인은 과연 누구일까?

피로 사회와 피로 교회

한병철 교수는 근대사회는 "~해서는 안 된다" 라는 기치가 걸린 "부정 사회"였다면 후기 근대사회는 "~할 수 있다"가 최상의 가치가 된 "긍정 사회"로 변화했다고 말한다. 또한 긍정성이 과잉되다 보니 자아의 피로 및 좌절감 그리고 우울증이 유발되었다고 평가한다. 이런 과정은 비단 사회뿐 아니라 현재 한국교회에도 똑같이 적용된다. 예전의 교회가 "~하면 안 된다"는 율법주의적 교회였다면 현재는 "~할 수 있다"는 과잉 긍정을 비롯해, "믿습니다, 아멘"을 강조하는 교회로 변화되었다. 그 결과 교회는 "피로"에 몸살을 앓고 있다.

최근 들어 피로하다는 청년들이 부쩍 늘어나고 있으며 그것은 어쩌면 믿음 과잉, 봉사 과잉, 프로그램 과잉에서 그 원인을 찾아볼 수 있지 않을까 싶다. 많은 성도들이 자신은 "믿음"과 "아멘" 두 말에 기대어 교회에서 가르치는 대로 열심히 했는데 왜 지옥 같은 현실은 변하지 않는지 좌절하며 아파하고 있다. 게다가 긍정의 과잉이 유발하는 부작용은 성도들의 자존감마저 떨어트린다. 현실의 모순과 사회구조의 부조리를 바로 보게 하기보다는 그것을 개인의 문제로 환원시키기 때문이다. 즉 성도들로 하여금 유명한 간증자처럼 변하지 못하는 자신의 믿음과 긍정을 탓하게 하고 그럼으로써 더 큰 아픔을 낳고 있는 것이다.

더 안타까운 점은 그에 보조라도 맞춘 듯 한국교회는 이미 본질 중심에서 벗어나 "성과 중심"의 교회로 변한 지 오래라는 것이다. 성과 중심의 교회는 필연적으로 불필요한 봉사 과잉과 프로그램 과잉을 낳게 한다. 이런 점은 사역자뿐만 아니라 성도들에게도 큰 "피로"를 유발하기 마련이며 그러다 보니 성도들 역시 교회에 가는 것이 더 이상 기쁘지 않고 점차 피곤한 일이라고 느끼게 된다. "힘들다"라는 말을 하는 청년들이 갈수록 늘어나는 것이 그 반증이다.

더욱이 청년들의 봉사(?) 착취는 더욱 심각한 수준이다. 현대 사회는 "아프니까 청춘이다"라는 슬로건을 내밀며 청년들에게 아픔을 강요하고 불합리한 노동(열정)을 강요한다. 이것이 교회에서도 그대로 이어져 "청년일 때 일해야 한다", "청년들이 교사를 해야 한다", "교회에 일할 사람이 없다"며 거의 위협 수준의 강요를 일삼는 것이다.

현대 교회의 기독청년들은 사회의 피로와 교회의 피로 모두를 감당하고 있다. 청년들은 "안식"의 장소가 되어야 할 교회를 이제 "피곤"한 교회라고 인식한다.

"올해는 교사를 내려놓고 싶다."

"이제 쉬고 싶다."

"예배만 드리고 싶다."

여기저기서 봇물터지듯 넋두리와 푸념이 줄을 잇지만 결국 이들은 그 이듬해에도 봉사(?) 현장으로 발걸음을 옮긴다. 봉사를 내려놓는 것은 그들에게 "복"을 내려놓는 것과 같기 때문이다.

사실 피로 사회의 부작용은 예수 시대에도 기승을 부리고 있었다. 1세기 유대인들은 율법과 제의 프로그램의 과잉을 자초하면서 스스로를 학대했고 그럼으로써 신분을 보장받고자 했다. 이러한 유대인들의 신앙 과잉은 하나님에 대한 잘못된 열심에서 비롯되었다. 예수는 이러한 문제점을 간파하고 1세기 유대인들의 복잡한 제의 프로그램과 안식일 그리고 율법을 단순화하거나 해방시키셨다.

반면 유대 그리스도인들에게 바울의 복음은 어딘가 부족한 "열심"으로 받아들여졌다. 그들에게 안식법, 할례, 음식법은 양보할 수 없는 율법적 행위였으며 "열심"의 증거였다. 그러나 바울은 이 모두를 평가절하하며 율법의 행위가 아닌 "믿음" 그 자체를 강조했다. 물론 이는 당대 유대 그리스도인들에게는 너무나 단순하기 그지없는 행위였을 것이다.

어찌 됐든 예수와 바울은 1세기 유대인들을 율법과 제의로 점철된 "피로 사회"에서 해방시켰고 그 일련의 과정들은 현대 교회에서 다시 벌어지고 있다.

오늘날 한국교회에서는 그리스도인이 되기까지 복잡하고 많은 프로그램을 거쳐야 한다. 특히 특정 프로그램에 동참해야 공동체성을 확인하고 어울릴 수 있다. 한국교회가 근본부터 바뀌어야 하는 이유가 여기에 있다. 이제 한국교회는 프로그램과 봉사의 과잉에서 탈피해 예수의 가르침이 중심이 되고 복음에 내재된 단순성의 정신

대로 "말씀을 사색할 수 있는 쉼"과 "단순화"가 이루어져야 한다. 그러기 위해서는 성과 중심이 아니라 본질 중심의 교회로 회복되는 과정이 절실하다. 예수는 이렇게 말씀하셨다.

"수고하고 무거운 짐 진 자들아, 다 내게로 오라. 내가 너희를 쉬게 하리라."

단순히 열심 있고 순수한 사람만이 꼭 성숙한 그리스도인이라고 할 수는 없다. 하나님이 우리에게 무엇을 원하시는지 아는 사람이 진짜 성숙한 그리스도인이고 하나님이 기뻐하시는 자녀일 것이다.

1983년 가을, 목회자 가정에서 태어난 나는 어릴 때부터 보수적인 교단의 목회자였던 아버지의 가르침에 따라 신앙을 형성해왔다. 사실 신학교에 입학하기까지 내 신앙 체계는 "예수 믿으면 천국 간다", "하나님은 살아 계시다", "하나님의 뜻대로 살아야 한다" 정도였고 성경 인물과 이야기를 다른 사람보다 조금 더 아는 수준이었다. 심지어 무엇을 믿어야 하는지조차 정확히 이해하지 못한 채 인격적으로 주님을 만났다는(?) 자기 주문에 빠져 살았다.

자고로 의심 없이 믿는 믿음이 큰 힘을 발휘한다고 생각했고 한 치의 의심 없이 믿기 위해 끊임없이 자책하며 머릿속 생각을 비우기 위해 안간힘을 쓰곤 했다. 때때로 대형 찬양 집회에 참석해 나의 영성을 뽐냈고 남들의 시선을 신경 쓰지 않은 채 찬양하는 모습을 가리키며 신앙의 성숙이라는 표현을 사용하기도 했다. 다양한 손짓과 몸짓을 동원해 아름답게 하나님을 찬양하는 사람을 신실한 그리스도인, 신실한 청년이라고 부르는 시대였기에 가능한 일이었다.

그러다 보니 어느 샌가 대형 집회에서나 접했던 찬양 문화가 교회 안으로 들어왔고 급기야 2000년대 초에는 찬양팀 문화가 세련되었는지 여부가 부흥하는 교회인지 뒤처진 교회인지를 가늠하는 척도가 되었다. 비단 이러한 기독교 문화를 겪은 사람은 나뿐만 아니라 2018년 현재 대한민국 청년 중 25-35세 사이의 세대 대부분이 겪은 일이다. 지금의 청년 세대는 예수를 믿기로 작정한 사람을 불러 많은 사람들이 보는 앞에서 영접시키는 수련회를 최소 한 번쯤은 경험했을 것이다. 그리고 우리는 그 시간에 예수를 믿기로 작정하고 스스로를 그리스도인이라 확신했다.

청년, 그리고 성경 읽기

내가 처음 순회 설교 사역을 시작한 2014년부터 약 3년이란 세월이 흘렀다. 그동안 정말 많은 청년과 하나님 나라에 관한 이야기를 나누었다. 그런데 내가 3년간 강의하면서 파악한 청년들의 성경 이해 수준은 다음과 같았다.

① 성경의 이야기를 대략적으로 아는 사람
② 성경 인물의 이름 정도만 파악한 사람
③ 창조의 순서와 10가지 재앙 등 암기를 많이 한 사람

④ 성경을 아무리 읽어도 도저히 모르겠다고 하는 사람
⑤ 창조과학에 빠져 진화론을 무조건 비판하는 사람
⑥ 애굽의 군대 마차 바퀴가 홍해에서 발견됐다고 좋아하는 사람

내가 평상시 생각했던 것보다 성경에 대한 청년들의 이해 수준은 형편없었다. 심지어 성경을 배운 시기는 어린 시절 주일학교 시간이 끝이라고 말하는 청년도 많았다. 반면 어떤 청년들은 청년이 된 후에도 끊임없이 배웠다고 대답했다. 그리고 그들은 한사코 다음과 같이 말했다.
"저희는 리더 훈련도 받았고, 제자 양육도 수료했어요. 근데 성경을 모르겠어요."
청년들은 찬양 세대를 거쳤고 이후에는 제자훈련 세대가 되어 교회에서 이루어진 각종 제자훈련을 받으며 소정의 프로그램을 수료했다. 하지만 소위 "훈련받았다"는 청년들에게 다음 질문을 던져보면 제대로 답하는 사람이 별로 없었다.

① 성경에서 말하는 하나님 나라가 무엇인지 들어본 적 있는가?
② 출애굽기 19-24장의 언약식에 대해 들어본 적 있는가?
③ 복음서에서 예수가 선포하신 하나님 나라의 의미를 알고 있는가?

물론 위의 질문에 답변을 하느냐 하지 못하느냐를 두고 성경을 잘 아는지 모르는지를 가늠하는 절대적 척도로 삼기는 무리일 수 있다. 하지만 위의 세 가지 질문에 전혀 개념이 잡혀 있지 않다면 성경을 모른다고 할 수 있다. 그것은 "구약"과 "신약"의 이름에 담긴 의미조차 파악하고 있지 못한 것이기 때문이다. 또한 찬양 집회 세대에서 큐티 세대를 지나 제자훈련 세대로 넘어온 청년들이 갖고 있는 성경에 대한 관점 중에는 다음과 같은 공통점이 있었다.

① 성경은 우리가 믿음으로 구원받는 이야기를 말하는 책이다.
② 성경을 읽을 때 하나님이 주시는 마음이 중요하다.
③ 성경은 우리 개인의 삶의 지표다.

청년 대다수는 성경이 "개인 구원"을 위한 책이라고 인식하고 있었다. 내가 보기에 이는 복음 전도와 큐티 그리고 제자훈련을 통해 형성된 세계관이라고 파악된다.

"예수면 다 된다"는 식의 원색적인 복음 운동에 머물러 있던 청년들이 잠시나마 개인 묵상을 위한 큐티 훈련을 받았지만 그마저도 대부분 올바른 해석을 위한 적절한 도구 없이 하루하루 주어지는 본문의 특성에 맞춰 자신의 삶을 되돌아보는 시도에 그치고 말았다. 심지어 청년들은 이후 이루어진 제자훈련을 "수료"를 목적으로 하는, 교회를 움직이기 위한 프로그램이라 인식하고 있다.

이처럼 혼란스러운 과정을 거친 청년들은 현재 신앙의 미로 속에서 "방황"하고 있다. 아무런 관념 없이 대형 교회를 찾아 떠나는 청년들과 교회와 세상의 경계에서 고민하는 청년들 그리고 신앙을 포기하는 청년들이 속출하고 있다. 우리는 이러한 청년들을 어떻게 바라보며 어떻게 소통해야 할지 이제는 고민해야 된다.

성경의 주인공은 나인가 하나님인가?

보통 드라마와 영화는 "주인공"의 시선에 따라 극이 진행된다. 문학 작품도 마찬가지다. 가끔 조연이 주인공으로 바뀌는 반전도 있지만 대부분 "주인공"이 말 그대로 극의 "주인"이다.

해마다 수능 시험이 다가오면 기독교 TV 프로그램에서 "요셉"에 관한 설교를 자주 들을 수 있다. 요셉과 같이 지혜롭게 대처하고 꿈꾸는 자가 되라는 식의 설교가 주를 이룬다. 물론 요셉 이야기의 주인공은 요셉이다. 마찬가지로 모세에 관해 설교할 때는 그의 위대한 리더십을 강조하며 모세와 같은 리더십을 소유한 리더가 되라고 권면한다. 이 설교 역시 주인공은 모세다.

그런데 그런 설교들을 자세히 들여다보면 한 가지 공통점을 발견할 수 있다. 바로 하나님이 "조연"으로 등장한다는 점이다. 그런 설교에서 하나님은 가끔씩 등장해 요셉과 모세를 돕는 역할만을 하실 뿐이다. 그렇다면 복음서와 바울의 서신에 대한 설교는 다를까?

그 설교에서도 하나님은 예수의 행적과 바울의 가르침에 밀려 또다시 주연 자리를 내주고 만다.

당연한 말이지만 기독교가 믿는 것은 "하나님"이다. 그런데 설교에서 하나님의 역할은 우리를 창조하시고 복을 내리시며 오래 참으시는 분 정도로 소개될 뿐, 그다지 부각되지 않는 것이 사실이다.

성경에서 하나님이 주도적인 역할을 하시는 장면은 창세기 1-11장에 집중되어 있다. 그것도 창조 기사와 노아의 홍수, 바벨탑 이야기 정도에 그친다. 12장부터 시작되는 아브라함 이야기부터는 하나님의 등장이 확연히 줄어든다. 가끔 등장해 "코치"하시는 정도의 역할이 전부라고 해도 과언이 아니다.

우리가 성경에서 하나님의 역할을 제대로 보지 못하는 이유는 성경의 이야기가 진행되도록 모든 것을 관통하고 주관하는 "힘"의 원천을 발견하지 못하기 때문이다. 이에 관해 몇 가지 사례를 통해 이스라엘의 역사 또는 그들의 이야기가 진행되도록 하는 힘이 무엇인지 살펴보도록 하겠다.

약속에 신실하신 하나님을 보여주는 성경 이야기

① 하나님이 세상을 창조하셨다.

태초에 하나님이 천지를 창조하시니라(창 1:1).

② 하나님은 파괴된 세상을 회복시키고자 아브라함을 부르시고 그와 "언약"을 체결하신다.

1여호와께서 아브람에게 이르시되 "너는 너의 고향과 친척과 아버지의 집을 떠나 내가 네게 보여 줄 땅으로 가라. 2내가 너로 큰 민족을 이루고 네게 복을 주어 네 이름을 창대하게 하리니 너는 복이 될지라. 3너를 축복하는 자에게는 내가 복을 내리고 너를 저주하는 자에게는 내가 저주하리니 땅의 모든 족속이 너로 말미암아 복을 얻을 것이라" 하신지라(창 12:1-3).

③ 하나님은 아브라함에게 약속한 바를 이루기 위해 아브라함을 보호하고 이끄신다.

④ 하나님은 아브라함에게 약속한 바를 이루기 위해 이삭에게 그 약속을 전달하신다.

2여호와께서 이삭에게 나타나 이르시되 "애굽으로 내려가지 말고 내가 네게 지시하는 땅에 거주하라. 3이 땅에 거류하면 내가 너와 함께 있어 네게 복을 주고 내가 이 모든 땅을 너와 네 자손에게 주리라. 내가 네 아버지 아브라함에게 맹세한 것을 이루어 4네 자손을 하늘의 별과 같이 번성하게 하며 이 모든 땅을 네 자손에게 주리니 네 자손으로 말미암아 천하 만민이 복을 받으리라. 5이는 아브라함이 내 말을 순종하고 내 명령과 내 계명과 내 율례와 내 법도를 지켰음이라" 하시니라(창 26:2-5).

⑤ 하나님은 아브라함과 이삭에게 약속한 바를 이루기 위해 야곱을 보호하시고 우여곡절 끝에 야곱에게 그 약속을 전달하신다.
⑥ 하나님은 요셉을 통해 야곱의 가족에게 찾아온 위기를 극복하게 하시고 그럼으로써 아브라함과 이삭과 야곱에게 약속한 "창조세계"의 회복을 이어가신다.

> 하나님이 큰 구원으로 당신들의 생명을 보존하고 당신들의 후손을 세상에 두시려고 나를 당신들보다 먼저 보내셨나니(창 45:7).

⑦ 하나님은 애굽에서 노예가 된 이스라엘 백성들을 잊지 않고 그들의 부르짖는 소리를 들으신다. 그 이유는 그들의 조상 아브라함, 이삭, 야곱에게 약속한 바를 기억하셨기 때문이다.

> 23여러 해 후에 애굽 왕은 죽었고 이스라엘 자손은 고된 노동으로 말미암아 탄식하며 부르짖으니 그 고된 노동으로 말미암아 부르짖는 소리가 하나님께 상달된지라. 24하나님이 그들의 고통 소리를 들으시고 하나님이 아브라함과 이삭과 야곱에게 세운 그의 언약을 기억하사 25하나님이 이스라엘 자손을 돌보셨고 하나님이 그들을 기억하셨더라(출 2:23-25).

⑧ 하나님은 자신의 약속을 지키기 위해 "모세"를 선택하시고 그를 사용하신다. 모세는 하나님의 약속을 이루어가는 "도구"로 등장

한다.

⑨ 하나님은 자신의 약속을 지키기 위해 이스라엘 민족을 광야에서 지키고 보호하신다. 또한 이스라엘 백성들은 조상들에 대한 하나님의 신실한 이야기를 통해 광야에서 가나안으로 갈 수 있는 믿음과 용기를 얻을 수 있었다.

하나님은 사람이 아니시니 거짓말을 하지 않으시고 인생이 아니시니 후회가 없으시도다. 어찌 그 말씀하신 바를 행하지 않으시며 하신 말씀을 실행하지 않으시랴?(민 23:19)

8여호와께서 다만 너희를 사랑하심으로 말미암아, 또는 너희의 조상들에게 하신 맹세를 지키려 하심으로 말미암아 자기의 권능의 손으로 너희를 인도하여내시되 너희를 그 종 되었던 집에서 애굽 왕 바로의 손에서 속량하셨나니 9그런즉 너는 알라. 오직 네 하나님 여호와는 하나님이시요, 신실하신 하나님이시라. 그를 사랑하고 그의 계명을 지키는 자에게는 천 대까지 그의 언약을 이행하시며 인애를 베푸시되(신 7:8-9).

⑩ 이스라엘 민족의 반역이 원인이 되어 하나님이 그들의 조상들과 약속하신 바에 위기가 찾아 왔지만 이스라엘 민족을 바벨론 땅에서 보호하시고 그들을 구원하기 위해 제2의 출애굽을 이루신다.

⑪ 하나님은 당신이 약속하신 바에 여전히 신실하셔서 "예수"를 이 땅에 보내시고, 약속을 성취하신다.

> 하나님이 세상을 이처럼 사랑하사 독생자를 주셨으니 이는 그를 믿는 자마다 멸망하지 않고 영생을 얻게 하려 하심이라(요 3:16).

⑫ 바울은 하나님이 예수를 통해 자신의 신실함을 드러내셨다고 믿었다.

> 이는 그리스도 예수 안에서 아브라함의 복이 이방인에게 미치게 하고 또 우리로 하여금 믿음으로 말미암아 성령의 약속을 받게 하려 함이라(갈 3:14).

⑬ 제자들과 첫 그리스도인들은 예수의 부활과 다시 오신다는 약속을 하나님의 약속의 연장선상에서 이해했고 하나님의 신실한 역사를 통해 그 약속을 믿을 수 있었다.

> 이것들을 증언하신 이가 이르시되 "내가 진실로 속히 오리라" 하시거늘, 아멘! 주 예수여, 오시옵소서(계 22:20).

⑭ 초기 교회는 구약부터 신약까지 이어지는 "이야기" 안에서 하나님의 신실함을 발견하고 그의 "신실함"(미쁘심)에 기대어 신앙을

이어나갔다.

주는 미쁘사 너희를 굳건하게 하시고 악한 자에게서 지키시리라(살후 3:3).

그러나 주께서는 신실하시므로, 여러분을 굳세게 하시고, 악한 자들로부터 지켜주십니다(표준새번역, 살후 3:3).

이처럼 성경의 주인공은 "하나님"이시다. 그 이유는 성경 자체가 하나님 자신이 약속하신 바를 이루어가시는 이야기이며 하나님은 이를 위해 인간의 역사에 개입하시며 자신의 약속을 이루어가시기 때문이다. 하나님은 성경에서 왜 그토록 "신실하게 일하시는가?" 하나님은 사람이 아니시기에 자신이 하신 약속을 반드시 지키시는 까닭이다. 그리고 그 목표는 바로 "창조세계의 회복"에 있다.

예수는 자신의 제자들에게 다음과 같이 말씀하셨다.

"하나님이 일하시니 나도 일한다."

예수는 자신의 "일"이 하나님이 하신 약속을 성취하는 일의 일부라는 것을 알고 계셨다. 또한 그 "일"을 이제 우리에게 부여하신다.

"너희는 먼저 그의 나라와 그의 의를 구하라."

우리 그리스도인들은 마침표를 향해 가고 있는 하나님의 약속의 마지막 사명을 부여받은 자들이다. 하나님은 "교회"를 통해 자신이 약속한 바를 성취하신다.

우리가 성경의 이야기를 통해 믿게 되는 것

우리는 성경을 통해 이 땅에 대한 하나님의 기대와 비전을 알 수 있게 된다. 그리고 그 이야기를 성취해나가는 주연이신 하나님과 그 하나님의 일하심에 동역하며 나아가는 하나님 나라의 백성들을 발견하게 된다.

성경의 독자들은 신실하지 못한 하나님 백성들의 모습과 하나님의 신실한 모습을 대조적으로 보게 된다. 이런 성경 이야기의 틀은 독자들로 하여금 하나님을 신뢰할 수 있게 해준다. 즉 성경의 이야기는 하나님의 신실한 성품을 알려주고 우리가 믿는 하나님이 신뢰할 만한 분임을 알게 한다.

1장

하나님 나라란 무엇인가?

하나님 나라를 이해하기 위해서는 성경의 스토리(이스라엘 이야기)를 통해 다가서는 것이 가장 바람직하다. 예수와 바울이 선포한 하나님 나라는 진공 상태에서 선포된 것이 아니라 청중과 공유하는 세계관(이스라엘 이야기) 안에서 선포된 메시지이기 때문이다.

예를 들어 요즘 대한민국에서 "국정농단"이라는 메시지를 전달하면 모두 단일한 "이야기"를 떠올리는 것과 같다. 즉 예수와 바울이 선포한 하나님 나라의 복음은 "이스라엘 이야기" 안에서 선포된 메시지다. 따라서 하나님 나라를 정의하기 위해서는 "하나님 나라는 ~이다"라고 설명하기보다 이스라엘 이야기의 서론, 본론, 결론의 연속선을 이해해야 한다.

하나님 나라 메시지 이해하기

기독교인과 무신론자가 함께 모인 자리에서 "내일은 일요일입니다"라는 메시지가 전달되었다고 생각해보자. 그러면 아마도 양분된 두 가지 입장이 생기게 될 것이다.

- 기독교인: "아, 내일은 교회에 가는 날이구나."
- 무신론자: "아, 내일은 쉬는 날이구나."

이를 통해 우리는 동일한 메시지를 듣더라도 자신들이 갖고 있는 삶의 자리와 세계관에 따라 그 메시지에 대한 이해와 해석이 매우 달라진다는 것을 알 수 있다. 마찬가지로 우리가 성경을 이해하기 위해서는, 특별히 이 책에서 다루는 하나님 나라를 이해하기 위해서는 하나님 나라의 메시지를 들었던 1세기 유대인들의 "삶의 자리"를 이해하는 것이 중요하다.

앞서 밝혔듯이 구약(이스라엘 이야기)은 예수 시대의 삶의 자리와 세계관을 만들어주는 이야기다. 다시 말해 구약성경은 "유대인"을 유대인답게 만드는 책이며 예수 시대 유대인들의 정체성을 말해주는 책이라고 할 수 있다.

1세기 유대인들의 삶의 자리 이해하기

우리는 구약성경을 통해 1세기 유대인들이 갖고 있는 정체성과 삶의 자리를 이해해야 한다. 하지만 이 책의 주제가 "하나님 나라"에 맞춰져 있기 때문에 예수 시대를 살던 유대인들의 정체성을 말해주는 한 구절만 살펴보고자 한다.

> 우리가 오늘날 종이 되었는데 곧 주께서 우리 조상들에게 주사 그것의 열매를 먹고 그것의 아름다운 소산을 누리게 하신 땅에서 우리가 종이 되었나이다(느 9:36).

느헤미야서는 바벨론 포로기 이후 자신들의 땅인 가나안 땅으로 귀환한 이스라엘 백성들의 이야기를 배경으로 한다. 유대인들은 포로기 동안 자신들의 고향 땅과 소산을 찾기 위해 여러 방식으로 노력했을 것이다. 그리고 마침내 그들은 자신들이 그리워하던 땅으로 돌아왔다. 하지만 느헤미야서는 당시 유대인들이 포로에서 자유를 얻어 돌아온 자신들의 정체성을 "해방자"가 아니라 "종" 된 것으로 인식한다고 말한다. 왜 그들은 자신들이 그리워하던 고향 땅으로 돌아와 놓고도 자신들이 여전히 종이라는 인식을 가졌을까? 그것은 다음 구절이 설명한다.

> 우리의 죄로 말미암아 주께서 우리 위에 세우신 이방 왕들이 이 땅의 많은 소산을 얻고 그들이 우리의 몸과 가축을 임의로 관할하오니 우리의 곤란이 심하오며(느 9:37).

이스라엘 백성들은 자신들이 고대하던 땅으로 돌아왔으나 기대와는 달리 그들의 나라는 여전히 "속국"의 위치에 있었다. 즉 땅에서는 해방되었을지 모르겠으나 자신들의 소산을 하나님께 드리지 못하고 이방 왕들에게 착취당해야 했다. 또한 하나님의 율법대로 살 수 있는 것이 아니라 이방 왕들의 통치에 따라 살아가야 했다. 비록 몸은 자신들의 땅으로 돌아왔으나 진정한 "해방"과 "자유"를 누리지 못하는 상태였던 것이다. 따라서 이스라엘 백성들에게 진정한 해방은 이방 왕의 통치가 끝나고 하나님의 통치가 도래하는 것이었다. 그러다 보니 이스라엘 백성들은 이러한 기대와 소망을 담은 예언서의 메시지에 귀 기울이게 된다.

> 좋은 소식을 전하며 평화를 공포하며 복된 좋은 소식을 가져오며 구원을 공포하며 시온을 향하여 이르기를 "네 하나님이 통치하신다" 하는 자의 산을 넘는 발이 어찌 그리 아름다운가!(사 52:7)

이스라엘 백성들에게 해방의 메시지, 즉 "좋은 소식"은 하나님의 통치가 도래한다는 소식이었다. 문제는 이스라엘 백성들에게 새겨진 "종"의 정체성이 바벨론 포로기를 거쳐 그리스-로마 시대까지 이어진다는 점이다. 따라서 이런 정체성은 예수 시대인 1세기 유대인들에게까지 이어지게 된다.*

---

* 우리는 예수 시대 유대인들의 정체성을 이해하기 위해 특정 본문을 활용했지만 1세기 유대인들은 자신들이 종이 된 이유를 찾기 위해 창세기-역사서-예언서 전체를 되짚어 보았으며, 결국 그 안에서 미래에 대한 기대와 소망의 메시지를 읽어냈을 것이다. 이는 성인뿐만 아니라 어린아이들에게도 지대한 영향을 미쳤으며 오랜 세월 동안 과거 조상들의 이야기를 함께 공유함으로써 형성된 세계관은 유대인으로서의 정체성과 시대적 상황을 이해하는 데 있어 기본 토대가 되었을 것이다.

1세기 유대인들에게 "좋은 소식"(복음)은 무엇인가?

앞서 살펴본 바와 같이 1세기 유대인들에게 복음은 "종"이 된 상태에서 진정한 "자유"를 얻는 것을 말한다. 즉 과거에 하나님의 영이 성전에 임하셨던 것과 같이 하나님의 통치가 이 땅에 도래함으로써 이방 왕들의 통치가 끝나는 이야기가 그들이 이해한 "복음"이었다.

하나님의 통치는 어떻게 이 땅에 도래하는가?

유대인들은 이방 왕의 통치가 끝나고 하나님의 통치가 도래하기를 손꼽아 기다렸다. 하지만 어떠한 방식으로 이 땅에 하나님의 통치가 도래하는가에 대한 물음은 여전히 남아 있었다.

유대인들은 이 물음에 대한 답을 예언서에서 찾으려 노력했다. 다음 본문은 유대인들에게 하나님의 통치가 도래하는 방식을 말해 주는 가장 중요한 단서가 되었을 것이다.

> 13내가 또 밤 환상 중에 보니 인자 같은 이가 하늘 구름을 타고 와서 옛적부터 항상 계신 이에게 나아가 그 앞으로 인도되매 14그에게 권세와 영광과 나라를 주고 모든 백성과 나라들과 다른 언어를 말하는 모든 자들이 그를 섬기게 하였으니 그의 권세는 소멸되지 아니하는 영원한 권세요, 그의 나라는 멸망하지 아니할 것이니라(단 7:13-14).

이 본문은 다니엘이 본 환상을 묘사한 대목 중 일부다. 다니엘은 하나님의 통치권을 받아 나라를 다스릴 자를 "인자 같은 이"라고 묘사한다. 즉 그가 "누구"인지는 모르지만 중요한 것은 하나님의 통치가 "인자 같은 이"를 통해 대행되리라는 점이다. 그렇다면 이제 유대인들에게 남은 문제는 하나다. 그 "인자"가 과연 누구인가? 이 물음은 예수 시대에 이르기까지 유대인들에게 남겨진 숙제였다.

복음서가 말하는 복음은 무엇인가?

마가복음의 저자는 복음의 시작을 하나님의 아들이자 그리스도인 예수와 연결한다. 나는 마가복음 1:1—"하나님의 아들 예수 그리스도의 복음의 시작이라"—에서 예수를 지칭할 때 사용한 "하나님의 아들"과 "그리스도"라는 표현이 서로 다른 개념이 아니라고 생각한다. 또한 다윗의 언약에서 영원한 왕권을 받을 자를 "하나님의 아들"이라고 표현하는데 여기에 등장하는 "하나님의 아들"이란 표현 역시 다윗 언약의 그것과 일맥상통한다.

반면 "그리스도"는 구약에서 특별히 하나님께 세움을 입은 왕의 표지인 "기름부음 받은 자"의 뜻이 내포된 "메시아"를 의미하는 그리스어다. 즉 하나님의 아들과 그리스도 모두 구약의 관점에서 "왕"을 표현하는 용어라고 볼 수 있다.

마가복음의 저자는 예수가 "왕"이라는 선언(선포)이 "복음"이라고 말한다. 앞서 살펴본 1세기 유대인들이 가졌던 복음(하나님의 통치가 도래함)에 대한 개념과 복음서 저자가 말하는 복음 사이에는 언뜻 차이가 있어 보이지만 "이야기"의 맥락에서 생각해보면 서로 다른 의미가 아님을 알 수 있다.

다음 그림을 보면 구약의 이야기는 현재 진행형이며 아직 끝나지 않은 이야기로 결론이 나는 것을 알 수 있다. 즉 이스라엘 이야기는 하나님의 통치를 "누가" 가져올 것인가에 대한 의문과 기대를 남긴 채 끝난다.

한편, 복음서 저자는 끝맺지 못한 이스라엘 이야기의 결론을 말하는 듯이 보인다. 바벨론, 페르시아, 그리스-로마 시대에 걸쳐 이어진 이방 왕의 통치가 종말을 고하고 이스라엘 백성들에게 진정한 해방의 소식인 하나님 통치의 도래가 "예수"를 통해 이루어진다고

말하기 때문이다. 아마도 하나님 나라 복음의 선포를 듣고 있던 청중들은 "때가 찼다. 하나님의 나라가 가까이 왔다"는 예수의 선포가 무엇을 말하는지 어렵지 않게 알아챘을 것이다.

결론

예수가 선포하신 하나님 나라는 이스라엘 이야기의 연속선상에서 들어야 이해할 수 있다. 예수는 자신의 죽음으로 인류를 "천국"이라는 공간으로 이동시킨다는 의미의 하나님 나라를 말씀하시지 않았다. 오히려 이스라엘의 역사에서 가장 중요한, 하나님의 통치가 살아 있는 "나라"(성전)를 예수 자신이 이 땅에 새롭게 가져왔다고 선포하셨다. 이런 관점에서 성경을 본다면 구약은 자연스럽게 영웅적인 "인물"이나 이스라엘의 "역사"를 말하는 책이 아니라 하나님이 통치하시는 "나라"에 관해 말하는 책임을 알 수 있다. 그리고 여기서 가장 중요한 것은 우리가 성경을 읽을 때 "하나님의 통치"가 이루어지는 나라(Kingdom)와 그 백성들의 이야기에 주목해야 한다는 점이다. 또한 그 두 가지를 잘 이해하기 위해서는 "하나님 나라" 고유의 관습과 사회, 정치, 경제, 문화 등의 법과 제도를 배우는 것에 강조점을 두어야 한다.

하나님 나라는 "가는" 것이 아니라 "오는" 것이다.

2장

하나님이 통치하시는 나라의 기초 질서

앞서 우리는 하나님 나라란 하나님이 왕으로서 통치하시는 나라를 말한다는 사실을 살펴보았다. 그리고 "복음" 역시 하나님 나라의 맥락에서 이해해야 한다는 점을 배웠다. 지금부터 우리는 본격적으로 성경에 나타난, 하나님이 통치하시는 나라의 특징을 살펴보고자 한다. 하나님 나라의 기초 질서는 창세기의 창조 이야기에 잘 나타난다.

하나님 나라와 창조

전 세계의 기독교인들이 가장 많이 읽는 성경을 꼽는다면 단연코 창세기라 할 수 있다. 그중에서도 창세기 1-3장은 기독교인이라면 두세 번은 기본으로 읽었을 것이다. 한국교회 역시 1년 중 연초 연말에는 항상 성경 통독을 진행한다. 그때마다 많은 사람이 창세기의 고비를 넘지 못하고 또다시 창세기로 돌아오기 때문에 많은 기독교인들이 창세기 박사라고도 말할 수 있을 것이다. 모르긴 몰라도 교회를 다니는 성도 모두에게 창세기 서두의 창조 기사 부분에 한해서는 박사학위를 줘도 무방하지 않을까 싶다.

내가 강의할 때도 창세기의 창조 기사 부분에서는 청년들의 눈빛이 항상 불타오른다. 청년 대다수가 창조와 타락에 관한 이야기는 잘 알기 때문이다. 심지어 아담과 하와 이야기는 비그리스도인에게도 "상식"과 같다. 나는 청년들이 가장 자신 있어 하는 창세기의 "창조" 이야기를 꺼내면서 항상 질문을 던진다.

"창조 이야기의 의미가 무엇인지 아는 사람 있나요?"

이 질문을 받은 청년 대다수는 어리둥절한 표정으로 내 얼굴을 살핀다. 아마도 그들이 예상한 질문은 다음의 범위에 있었을 것이다.

① 창조는 며칠간 이루어졌는지 아는 사람?
② 몇 번째 날에 무엇이 창조되었는지 아는 사람?
③ 아담과 하와가 받은 형벌을 아는 사람?
④ 지구의 나이가 몇 년인지 아는 사람?
⑤ 원죄가 무엇인지 아는 사람?

청년 중 상당수가 자신이 가장 많이 읽고 가장 많이 아는 창세기의 "창조 이야기"를 공식처럼 암기하거나 과학을 넘어서는 창조론 "신앙" 정도로 인식하고 있다. 그리고 창조 이야기 하면 생각나는 것에 관해 질문하면 "창조론" 또는 "창조과학"을 주로 이야기한다.* 이런 점들을 미루어볼 때 다수의 기독청년은 교회 교육의 영

---

* 여기서 진화론과 창조론의 논쟁은 다루지 않기로 한다. 이와 관련된 자세한 내용은 다음의 책을 참고하라. 우종학, 『과학시대의 도전과 기독교의 응답』(새물결플러스, 2017); 우종학, 『무신론 기자 크리스천 과학자에게 따지다』(IVP, 2014); 김민석, 『창조론 연대기』(새물결플러스, 2017). 또한 창조과학이 걸어온 왜곡의 역사 및 태생적으로 안식교와 맺어온 관계를 살펴보려면 로널드 L. 넘버스의 『창조론자들』(새물결플러스,

향을 받아 창조 이야기를 "문자"적이고 "교리(구속사적 읽기)"적이며 "지구과학"적으로 이해하고 있음을 알 수 있다.

한편, 이는 창세기의 "창조 이야기"를 신학적인 관점에서 접하지 못했다는 것을 반증한다. 그렇다면 창조 이야기를 "신학적"으로 읽는다는 것은 무엇을 의미할까?

신학적 성경 읽기를 위해서는 기본적으로 성경의 장르가 "역사"책이나 "과학" 책이 아니라는 사실을 인지할 필요가 있다. 즉 성경은 역사적·과학적 "사실"을 기록하는 데 목적이 있는 것이 아니다. 따라서 성경을 통해 하나님의 메시지를 읽는 것이 중요할 뿐이다. 더 나아가 창세기 저자의 저술 목적과 독자의 반응을 염두에 두고 읽어야 한다. 이런 읽기가 신학적 읽기라고 할 수 있다.**

무엇보다 창세기를 올바로 이해하려면 고대 문헌을 다루는 방법을 알아야 하며 창세기 저작 시기의 상황과 고대 근동의 영향 등을 살펴야 한다. 그러한 과정들을 통해 창세기 저자의 저술 목적과 그 안에 담긴 하나님의 메시지에 따른 독자들의 반응을 살필 수 있다. 물론 이런 방식의 창세기 읽기에는 지성적 훈련이 필요하며 기

2016)을 추천한다.
** 이런 방법으로 창세기를 읽는 것은 여느 구약개론서에도 소개되는 정론이다. 또한 당시 독자들의 상황적 접근에 따라 창조 이야기의 해석과 주제가 조금씩 달라질 수 있다. 이와 관련된 중요한 저술로는 트럼퍼 롱맨 3세, 『창세기를 어떻게 읽을 것인가?』(IVP, 2006); 고든 D. 피, 더글라스 스튜어트, 『성경을 어떻게 읽을 것인가?』(성서유니온선교회, 2016)가 있다.

2장 하나님이 통치하시는 나라의 기초 질서

초 신학 서적의 도움을 받아야 한다. 하지만 요즈음에는 이런 훈련을 위한 대중 서적들이 많이 출판된 데다 다수의 아카데미와 강좌가 개설되어 굳이 신학교를 가지 않더라도 신학적 사유를 훈련받을 수 있는 기회가 열려 있다. 또한 분명한 것은 청년들에게 창조 신학을 강의할 때 버겁게 느끼는 경우보다 흥미롭게 경청하는 경우가 더 많다는 사실이다. 따라서 지레 겁먹고 포기할 필요는 없다.

창세기에 나타난 하나님 나라의 가치는 무엇인가?

나는 이 질문에 답하기 전에 창조론을 믿는다는 것은 무엇을 의미하는지 되짚고자 한다. 우리는 흔히 창조론과 진화론을 대립구조로 놓고 유신론자는 창조론, 무신론자는 진화론을 따르는 것으로 치부한다. 하지만 진화론을 받아들이는 사람 중에는 진화론에 담긴 하나님의 섭리를 믿는 사람도 적지 않다. 즉 창조론과 진화론 사이의 넓은 스펙트럼을 이해하는 것이 필요하다는 뜻이다. 나는 진화론을 수용한다고 해서 무조건 무신론자로 생각할 게 아니라고 본다. 진화론을 주장하는 사람들 안에도 다양한 스펙트럼이 있고 창조론을 믿는 사람들 안에도 다양한 스펙트럼이 존재하기 때문이다. 따라서 이 책을 읽는 사람이라면 "진화론"을 주장한다고 무조건 정죄하는 일이 없기를 바란다.

창세기의 창조 이야기를 둘러싼 논쟁은 항상 창조론 대 진화론의 구도로 범위가 정해져 있었다. 그 안에서 창조론자들의 "젊은 지구론"과 진화론자들의 "오래된 지구론"에 관한 논쟁은 인류의 역사 속에서 진행되어왔으며 여전히 많은 보수 기독교인은 젊은 지구론식의 창조론을 믿는다.* 그러나 나는 이런 논쟁을 잠시 내려놓고 창조론를 믿는다는 것이 무엇인지를 생각해보기를 권한다. 다시 말해 창조를 믿는 사람들의 태도는 무엇이냐 하는 것이다. 창조에 담긴 하나님 나라의 질서를 살펴볼 때는 창조론을 믿는 자들이 하나님이 창조한 만물을 바라보는 태도에 관해서도 살펴봐야 한다.

창조에 나타난 하나님 나라의 질서

창세기의 창조는 땅의 혼돈과 공허를 질서와 채움으로 만들어가는 과정을 포함한다. 즉 하나님은 당신이 세우신 고유의 질서 가운데 피조물들을 채워 넣으심으로써 자신의 나라를 만드셨다.** 그리고 하나님 나라의 고유 질서를 유지하고 확장할 대리 통치자로 "인간"을 창조하시고 그들에게 이 땅을 다스릴 권한을 주셨다. 즉 인간의

---

* 이에 관한 논증과 스펙트럼은 리처드 E. 에이버벡 외, 『창조 기사 논쟁』(새물결플러스, 2016)에 자세히 나와 있다.

** 대저 여호와께서 이같이 말씀하시되 하늘을 창조하신 이 그는 하나님이시니 그가 땅을 지으시고 그것을 만드셨으며 그것을 견고하게 하시되 혼돈하게 창조하지 아니하시고 사람이 거주하게 그것을 지으셨으니 "나는 여호와라. 나 외에 다른 이가 없느니라"(사 45:18).

역할은 하나님의 질서를 훼손하며 자신들의 질서를 만드는 것이 아니라 하나님이 세우신 완벽한 질서를 유지하고 보존하는 데 있다. 따라서 그 질서가 완전할 때 이 세상은 창조주의 마음에 합한, 보시기에 좋은 세상이 된다.

또한 하나님이 부여한 질서 가운데 "인간"을 하나님의 형상으로 창조하셨다는 내용이 있다. 그런데 여기서 주목해야 할 바는 남자를 하나님의 형상으로 창조한 것이 아니라 "인간"에게 하나님의 형상을 부여하셨다는 점이다. 즉 인간은 모두 존귀한 존재로 창조되었다.

창조론을 믿는 것은 특정한 지구의 나이를 고집하는 것이 아니라 하나님의 고유한 질서를 유지하겠다는 고백에 가깝다. 안타깝게도 창조론을 믿는 많은 그리스도인이 환경문제나 탈핵 운동에 관심이 없다. 또한 비윤리적인 가축 사육과 학대에 관심이 없으며 인류의 공통 문제인 인종 차별과 남녀 차별의 문제, 장애인 인권 문제에 관해서도 전혀 관심이 없다. 또한 4대강 사업을 통해 국세를 낭비하고 환경을 파괴하는 행위가 반창조론적인 행위라는 것을 알지 못한다.

창조론을 믿는다는 것은 지질 연대에 관심을 두거나 그랜드캐니언 탐사에 돈을 쓰는 것이 아니라 이 세상을 바라보는 눈이 달라진다는 의미다. 이 세계가 하나님이 창조한 세상이라는 인식이 생기는 동시에 사람을 바라보는 눈이 달라져야 한다. 따라서 하나님이 창조한 세상의 아름다움을 가꾸고 보존하기 위해 애쓰는 사람과 환경 문제에 민감하게 반응하는 사람이 진정 하나님의 창조를 믿는 사람이다. 우리는 환경을 훼손하고 사람을 차별하는 행위가 하나님 나라의 이상에 반하는 것이며 하나님의 창조를 믿지 않는 결과임을 알아야 한다.

샬롬! 하나님 나라

하나님은 창조를 마치고 "안식"하셨다. 성경을 읽다 보면 하나님도 "쉼"이 필요하신가 하는 의문을 가질 수밖에 없다. "신" 역시 우리 인간처럼 노동 끝에 이루어지는 "쉼"이 필요한지 의문이 생기는 것이다. 내가 보기에는 창조 후의 "안식"은 쉼의 의미를 넘어 창조의 "완전성"을 말해주는 것 같다. 즉 창조에 이어 안식이 가능한 이유는 하나님의 창조가 "완전"하기 때문이다.

> 하나님이 그 일곱째 날을 복되게 하사 거룩하게 하셨으니 이는 하나님이 그 창조하시며 만드시던 모든 일을 마치시고 그날에 안식하셨음이니라 (창 2:3).

요한은 이 대목을 창조의 완전성이라는 관점에서 파악한다. 또한 그는 예수가 타락한 창조세계를 회복하기 위해 일하시는 것으로 이해한다. 즉 예수는 깨어진 창조의 안식을 회복하기 위해 하나님의 "일"을 수행하는 역할을 맡으시는 셈이다.*

> 예수께서 그들에게 이르시되 "내 아버지께서 이제까지 일하시니 나도 일한다" 하시매(요 5:17).

여기서 하나님이 창조한 세상의 "완전"은 "샬롬"이 있는 나라, 즉 "평화"가 있는 세상을 말한다. 성경은 인간의 타락으로 인해 깨어진 하나님 나라의 "질서"를 회복하는 이야기를 전해준다.

> 하나님은 무질서의 하나님이 아니시요, 오직 화평의 하나님이시니라…(고전 14:33).

우리는 불완전한 세상에서 생겨나는 결핍과 고난, 갈등을 온몸으로 느끼며 하나님이 창조하신 "평화"와 "평안"을 그리워하는 가운데 그의 나라와 의를 구하며 살아간다. 성경의 목적지는 분명하다. 세상의 "샬롬"이다. 그리고 그 "샬롬"을 위해 인간의 "회복"이 선행되

---

* 요한복음에는 창세기에 나타난 "창조" 세계관의 많은 부분이 반영되었다. 예를 들어 1장에서 이튿날로 진행되는 형식은 창조의 시간이 흘러가는 것과 비슷한 형식을 띤다. 또한 요 20:22의 "이 말씀을 하시고 그들을 향하사 숨을 내쉬며 이르시되 '성령을 받으라'"라는 대목은 하나님이 아담에게 "숨"을 불어넣으신 것을 떠올리게 한다. 이외에도 많은 부분에서 창조 이야기의 흔적을 찾아볼 수 있다.

어야 한다. 우리가 하나님의 백성으로 부르심을 받은 이유와 목적은 "그의 나라와 의"를 위해서다. 즉 세상에 하나님의 "샬롬"을 세워가는 것이다. 그런 이유에서 우리는 지금부터 하나님이 세우신 완전한 "질서"에 관해 자세히 살펴보고자 한다.

> 이 땅의 평화는 하나님의 통치 질서가 구현될 때 이루어진다. 적극적으로 하나님의 통치에 순종하는 삶이 이 땅에 평화를 가져온다. 우리는 하나님의 통치가 구현되는 통로가 되어야 한다.

3장

하나님 나라의 기초 질서 I
: 하나님 나라의 수직적 질서

하나님 나라의 수직적 질서

성경의 첫 번째 책인 창세기의 "창조 이야기"에는 하나님 나라의 첫 모습이 그려져 있다. 창세기의 창조 이야기는 지구의 연대기를 밝히거나 역사적 실제를 말하기보다 하나님이 창조하신(하나님이 왕으로 계신) 세상(나라)의 원형적인 모습을 그려내는 데 진정한 목적이 있다. 창세기의 저자는 태초에 하나님이 천지를 창조했다는 선언으로 이야기를 시작한다. 이는 다시 말해 하나님이 "우주"의 창조주이자 "왕"이심을 선언하는 것이다.

창세기 저자는 이어서 우리에게 혼돈(무질서)과 공허로 가득 찬 세상의 모습을 보여준다. 그런 다음 곧이어 우주의 "왕"이신 하나님이 무질서한 세상에 질서를 부여하며 공허한 세상에 피조물을 채워가시는 이야기를 들려준다.

여기서 중요한 것은 창조주이자 "왕"이신 하나님이 이 땅에 자신만의 고유한 "질서"를 세우셨다는 것이다. 그리고 그 "질서" 가운데 "피조물"을 채워 넣으셨다는 점이 강조된다. 이런 완벽한 "질서"는 왕의 안식을 가능하게 했고 따라서 하나님의 완벽한 창조 질서는 피조물들의 "이해"를 넘어서는 완벽한 설계이자 질서라고 말할 수 있다.

한편, 우주를 창조한 "왕"은 이 땅의 질서를 유지할 피조물이자 대리 통치자로 "인간"을 창조하셨다. 왕은 인간에게 생육하고 번성하여 자신이 창조한 질서를 유지할 뿐 아니라 "확장"하는 역할을 부여하셨다. 또한 왕의 통치에 입각하여 "다스리는" 역할도 부여하셨다. 여기서 중요한 점은 인간에게 주어진 것이 "창조적" 역할이 아니라 "유지 및 확장"의 역할이라는 점이다. 창조주 하나님은 이런 점을 망각하지 못하도록 "선악과"를 통해 인간이 창조주와 피조물의 차이를 인식하고 항상 자신의 진정한 역할을 확인하게 하셨다. 다시 말해 선악과는 모든 것을 창조할 수 있는 "창조주"(왕)와 "피조물"(대리자)의 경계이자 질서의 상징이라고 할 수 있다.

하나님의 기초 질서는 왕은 왕의 자리에서, 피조물은 피조물의 자리에서 자신의 역할을 충실히 이행하는 것이었다. 또한 우리는 이 대목에서 왕과 백성 간의 수직적인 질서를 발견할 수 있다. 하나님의 창조 과정에서 드러난 창조주와 피조물 간의 수직적 질서는 하나님 나라의 가장 기초적인 질서인 동시에 가장 중요한 질서다. 건축물을 지을 때 가장 중요한 것이 기초공사이듯이, 하나님과의 수직적 관계가 회복되지 않은 교회는 모래 위에 지은 집과 같다. 다음은 수직적 질서가 깨진 세상의 특징들을 담고 있는 구절들이다.

> **수직적 질서가 깨진 세상의 특징**
>
> ① 세상의 지혜를 왕으로 섬기는 세상

1솔로몬 왕이 바로의 딸 외에 이방의 많은 여인을 사랑하였으니 곧 모압과 암몬과 에돔과 시돈과 헷 여인이라. 2여호와께서 일찍이 이 여러 백성에 대하여 이스라엘 자손에게 말씀하시기를 "너희는 그들과 서로 통혼하지 말며 그들도 너희와 서로 통혼하게 하지 말라. 그들이 반드시 너희의 마음을 돌려 그들의 신들을 따르게 하리라" 하셨으나 솔로몬이 그들을 사랑하였더라 (왕상 11:1-2).

② 자신을 왕으로 섬기는 세상

그 때에 이스라엘에 왕이 없으므로 사람이 각기 자기의 소견에 옳은 대로 행하였더라(삿 21:25).

사무엘이 사울을 만나려고 아침에 일찍이 일어났더니 어떤 사람이 사무엘에게 말하여 이르되 "사울이 갈멜에 이르러 자기를 위하여 기념비를 세우고 발길을 돌려 길갈로 내려갔다" 하는지라(삼상 15:12).

③ 재물을 왕으로 섬기는 세상

한 사람이 두 주인을 섬기지 못할 것이니 혹 이를 미워하고 저를 사랑하거나 혹 이를 중히 여기고 저를 경히 여김이라. 너희가 하나님과 재물을 겸하여 섬기지 못하느니라(마 6:24).

3장 하나님 나라의 기초 질서 I

④ 세속 통치자를 왕으로 섬기는 세상

6"우리에게 왕을 주어 우리를 다스리게 하라" 했을 때에 사무엘이 그것을 기뻐하지 아니하여 여호와께 기도하매 7여호와께서 사무엘에게 이르시되 "백성이 네게 한 말을 다 들으라. 이는 그들이 너를 버림이 아니요, 나를 버려 자기들의 왕이 되지 못하게 함이니라. 8내가 그들을 애굽에서 인도하여 낸 날부터 오늘까지 그들이 모든 행사로 나를 버리고 다른 신들을 섬김 같이 네게도 그리하는도다"(삼상 8:6-8).

성경은 수직적 질서가 깨어진 세상의 참상을 드러내는 한편, 수직적 질서를 회복하고자 하는 하나님의 계획 또한 묘사한다.

왕과 백성의 수직적 질서 회복하기

왕(하나님)과 백성의 수직적 질서가 회복되었다는 사실은 백성이 왕에게 영광을 돌리기 시작한 것에서 알 수 있다. 즉 백성은 왕에게 경배를 돌림으로써 자신의 위치를 왕 앞에서 시인하는 것이다.

① 다음의 구절에서 하나님은 어떻게 "영광" 받으시는지 나눠보자.

9이러므로 하나님이 그를 지극히 높여 모든 이름 위에 뛰어난 이름을 주사

10하늘에 있는 자들과 땅에 있는 자들과 땅 아래에 있는 자들로 모든 무릎을 예수의 이름에 꿇게 하시고 11모든 입으로 예수 그리스도를 주라 시인하여 하나님 아버지께 영광을 돌리게 하셨느니라(빌 2:9-11).

추천 도서 | 톰 라이트, 『하나님은 어떻게 왕이 되셨나』(에클레시아북스, 2013)

② 예수를 "주"로 시인하는 것은 무엇을 의미하는지 나눠보자.

추천 도서 | 래리 허타도, 『주 예수 그리스도』(새물결플러스, 2010)

교회에 하나님 나라 세우기

① 교회의 "왕"은 누구인가?

20그의 능력이 그리스도 안에서 역사하사 죽은 자들 가운데서 다시 살리시고 하늘에서 자기의 오른편에 앉히사 21모든 통치와 권세와 능력과 주권과 이 세상뿐 아니라 오는 세상에 일컫는 모든 이름 위에 뛰어나게 하시고 22또 만물을 그의 발 아래에 복종하게 하시고 그를 만물 위에 교회의 머리로 삼으셨느니라. 23교회는 그의 몸이니 만물 안에서 만물을 충만하게 하시는 이의 충만함이니라(엡 1:20-23).

② 교회의 비전과 운영은 누구의 통치에 입각해 결정해야 하는가?
③ 교회에서 목회자의 제왕적 통치를 어떻게 바라보아야 할 것인가?

누가 우리의 왕인가?

성경은 끊임없이 우리에게 질문하고 답한다. 우리의 진정한 왕은 누구인가? 우리의 진정한 왕은 하나님이시다.

성경 이야기에 담긴 핵심 주제 중 하나는 우주의 왕이 누구인가에 관한 것이다. 또한 그 왕의 통치 체계와 다스리는 나라의 가치에 관한 이야기가 성경의 또 다른 핵심 주제를 이룬다. 나아가 성경 전반에 걸쳐 그와는 반대로 잘못된 통치를 받는 나라의 모습과 가치는 무엇인가에 대한 이야기가 쌍곡선을 그리듯이 전개된다.

① 우주의 창조주는 하나님이시다. 그는 곧 우주의 창조주이자 "왕"이시다.
② 창세기의 창조 이야기는 하나님이 왕으로서 이 땅을 통치하실 때 진정한 질서와 평화가 있음을 보여준다.
③ 피조물인 인간은 "창조주"의 자리를 찬탈하고 자신이 "왕"이 되고자 한다.
④ 하나님의 통치를 떠난 인간들은 자신들의 "왕국"을 만들고자

한다.

⑤ 하나님은 이 땅에 창조의 질서를 회복하기 위해 자신의 "왕국"을 다시 건설하신다.
⑥ 출애굽 이야기는 이스라엘을 백성으로 삼고 하나님이 "왕위"에 등극하시는 이야기다.
⑦ 인간들은 하나님이 자신들의 왕이 되심에도 불구하고 "인간" 왕을 구한다.
⑧ 하나님의 통치를 대리하는 인간 왕들은 왕권 강화를 위해 "탐욕적"으로 하나님을 이용한다.
⑨ 하나님은 이 땅의 대리 통치자로 예수 그리스도를 세우신다. 예수는 하나님의 통치를 대리하신다.

성경은 하나님의 통치를 받을 때에만 이 땅에 참된 질서와 평화가 이루어진다고 말한다.* 성경은 우리에게 하나님이 우주의 진정한 왕이심을 고백하게 한다. 또한 그가 세운 통치의 가치에 따라 살아갈 때 진정한 질서와 평화가 있음을 우리에게 말해준다.

이 땅에서 벌어지는 전쟁, 아픔, 차별, 폭력 등의 현상은 인간이 섬기는 "왕"의 가치가 반영된 결과다. 어떤 왕을 섬기느냐에 따라

---

* 예언자 예레미야는 타락한 이스라엘을 향해 창조 전 무질서를 연상하게 하는 예언을 전했다.

우리의 삶이 결정된다. 우리는 우리가 섬기는 것을 닮기 마련이다.

그렇다면 우리는 하나님의 통치 체계를 어떻게 이해하고 알 수 있을까? 우리는 구약의 여러 말씀, 특히 율례와 법도를 통해 하나님의 통치 체계와 가치를 엿볼 수 있다. 그리고 이 땅에 그 통치를 구현하신 예수의 삶을 통해 하나님의 통치를 가늠해볼 수 있다. 이 책을 읽어나가면서 우리의 일상에 하나님의 통치가 어떻게 임할 수 있는지 계속 생각해보자.

> 하나님이 왕으로서 다스리시고 피조물들이 그 왕의 통치에 순복할 때 하나님 나라의 수직적 질서는 올바로 설 수 있다.

4장

하나님 나라의 기초 질서 II
: 하나님 나라의 수평적 질서

하나님 나라의 수평적 질서

하나님이 통치하시는 나라의 두 번째 질서는 수평적 질서다. 창세기에서 하나님은 인간을 창조할 때 하나님의 형상으로 창조하셨다.

> 하나님이 자기 형상 곧 하나님의 형상대로 사람을 창조하시되 남자와 여자를 창조하시고(창 1:27).

물론 여기서 중요한 것은 앞서 말한 대로 하나님 형상의 "의미"일 것이다. 하지만 우리는 창세기 1:27을 통해 하나님이 통치하시는 나라의 또 다른 질서를 발견하게 된다. 하나님의 형상으로 창조된 존재는 "남자"가 아닌 "사람"이다. 즉 하나님의 형상으로 남자와 여자가 창조되었다는 것은 갈비뼈를 내준 아담이 하와보다 우월하다는 뜻이 아니다. 이것은 남성 우월적인 사고가 팽배한 고대 근동의 세계관에서는 매우 독특한 관점이라고 볼 수 있다. 고대에서 여성에게 결혼이란 남성의 소유물이 되는 것을 의미했으며 이것은 상식이었다. 따라서 창세기 2:24에 등장하는 결혼관은 고대 근동의 세계관에서는 독특한 정도를 넘어 충격적이라고까지 할 수 있다.

> 이러므로 남자가 부모를 떠나 그의 아내와 합하여 둘이 한 몸을 이룰지로다(창 2:24).

여성이 남성의 소유물이라는 관념이 팽배한 고대 근동의 세계에서 성경은 결혼이 상호 "동등"을 넘어 "하나"가 되는 것이라고 말한다. 남성과 여성의 관계에 대한 창조 질서는 "소유"가 아니라 "동등"의 관계다. 더 나아가 성경은 "한 몸"이라는 표현을 통해 평등을 넘어서 하나 되는 관계를 말한다.

간혹 여자가 남자를 섬기는 것이 창조의 질서라고 설교하는 사람들이 있는데, 성경에서 "한 구절"만 뽑아서 설교한다고 치면 이리저리 붙여서 무슨 말이든 할 수 있다. 그야말로 "아무 말 대잔치"가 벌어지는 것이다.

특히 에베소서 5:22의 "아내들이여, 자기 남편에게 복종하기를 주께 하듯 하라"는 말씀을 인용해 마치 가부장 제도가 창조의 섭리에 부합하는 하나님의 뜻인 양 말하는 사람들도 있다. 실제로 이 구절은 남성 우월 사상을 합리화하는 듯한 인상을 주기도 한다.

하지만 에베소서 5:22의 바로 앞 구절인 21절을 보면 "그리스도를 경외함으로 피차 복종하라"고 되어 있다. 또한 그나마 다행인 것은 표준새번역 성경의 경우 21절 말씀부터 남편과 아내에 대한 권면을 주제로 한다고 본다는 점이다. 다만 개역개정 성경은 22절부터 남편과 아내에 대한 권면이 시작된다고 본다(물론 원어 성경에는 그런 구분 자체가 없다).

내가 보기에 성경은 남자가 여자보다 우월하며 따라서 남자가 여자를 지배하는 것이 창조 질서라고 말하기보다는 남녀가 평등하다는 사실을 거듭 강조하는 것으로 보인다. 양적인 분량으로는 적을지 모르겠지만 당대의 상황에서 그런 구절의 내용이 지닌 의미는 결코 작다고 볼 수 없기 때문이다.

조남주 작가의 베스트셀러 소설 『82년생 김지영』(민음사, 2016)은 우리나라의 30대 여성이 경험하는 일상적 차별과 구조적 불평등을 사실적으로 그려내 인기를 얻었다. 나도 아내의 권유로 책을 읽고 이것은 여자가 읽어야 할 것이 아니라 남자가 읽어야 할 소설이라고 생각했다. 남녀평등을 중요하게 생각하던 나도 남성으로서 생각하지 못한 여성에 대한 불평등과 차별이 나의 삶 속에, 그리고 사회 안에 얼마나 뿌리 깊게 자리 잡고 있는지 알게 되었기 때문이다.

우리가 사는 사회 안에서 자행되는 불평등과 차별은 우리도 모르게 일어나는 경우가 많다. 우리가 성경에 담긴 질서를 배워야 할 뿐만 아니라 세상의 잘못된 질서와 구조를 간파해야 하는 이유가 바로 여기 있다.

하나님은 인간을 처음부터 수평적으로 창조하셨다. 성별은 물론 인종이나 계급에 따른 차별을 두지 않으셨다. 또한 하나님은 "외모"의 차이도 문제 삼지 않으신다.

> 너희의 하나님 여호와는 신 가운데 신이시며 주 가운데 주시요, 크고 능하시며 두려우신 하나님이시라. 사람을 외모로 보지 아니하시며 뇌물을 받지 아니하시고(신 10:17).

특히 차별 없는 하나님 나라의 특징은 하나님이 통치하시는 나라에서 실행되는 "재판"의 공정함과 밀접하게 맞닿아 있다.

> 16내가 그때에 너희의 재판장들에게 명하여 이르기를 "너희가 너희의 형제 중에서 송사를 들을 때에 쌍방간에 공정히 판결할 것이며 그들 중에 있는 타국인에게도 그리할 것이라. 17재판은 하나님께 속한 것인즉 너희는 재판할 때에 외모를 보지 말고 귀천을 차별 없이 듣고 사람의 낯을 두려워하지 말 것이며 스스로 결단하기 어려운 일이 있거든 내게로 돌리라. 내가 들으리라" 하였고 18내가 너희의 행할 모든 일을 그때에 너희에게 다 명령하였느니라(신 1:16-18).

다시 한번 말하지만 하나님이 왕으로 계신 나라는 "인종"이나 "성별", "외모"에 따른 어떤 차별도 두지 않는다. 하나님 나라는 사람과 사람 사이의 어떠한 "차별"도 용납하지 않는다. 하나님이 통치하시는 나라는 "평등"한 나라다.

우리가 예수를 믿음으로써 하나님이 통치하시는 나라의 백성이 되었다면 사람을 바라보는 눈 역시 바뀌어야 한다. 또한 하나님 나라의 백성이라면 사회적 약자에 대한 인식 역시 세상의 그것과는 달라야 한다. 더 나아가 계급 질서와 남성 중심의 사고가 기반이 된 가정과 교회를 세워서는 안 될 것이다.

수평적 질서가 깨진 나라의 특징

수평적 질서가 깨진 사회의 특징을 살펴보면 다음과 같다.

① 사람 사이에 계급이 발생하고 노예가 생겨난다.
② 자신보다 약한 자를 착취하고 괴롭힌다.
③ 사회적 약자에 대한 배려나 나눔이 없다.

가끔 "기독교 기업"에 취업한 청년들과 얘기를 하다 보면 "기독교 단체가 더하다"란 얘기를 어김없이 듣게 된다. 기독교 기업이나 단체가 욕을 먹는 이유는 "은혜"와 "사명"이란 미명 아래 노동력을 착취하고, 노동자가 "권리"를 따지거나 법리 문제를 제기하면 "속물"이나 "삯꾼"으로 취급하기 때문이다. 물론 이 부분은 교회도 예외는 아니다. 부교역자들에게 사명이란 말로 부당한 노동을 강요하는 교회가 얼마나 많은가? 신앙이란 명목 아래 누군가를 착취해도 된다는 생각을 갖고 있는 사람이 너무 많은 것 같다. 아니, 어쩌면 착취라는 것을 망각한 채 하나님의 일이니 그래도 된다고 생각할지도 모른다. 심지어 그마저도 모자라 자신들이 하는 일이 선교나 사역이라 강조하기도 한다. 게다가 말로는 기독교 단체지만 "기독교 정신"은 조금도 없이 단순히 아침에 예배를 드리거나 오너가 기독교인이면 무작정 "기독교 단체"라는 이름을 붙이는 것도 문제다.

적어도 내 주위에 있는 사람들은 기독교 단체나 기업에 들어가는 것을 꺼린다. 심지어 교회의 후원을 받는 단체들이 직원들을 교회 직원인 양 부리는 일도 다반사이며 외국인 노동자들의 종교를 무시하고 교회에 강제로 데려오는 경우도 많다.

적어도 기업이나 단체에 "기독교"라는 호칭을 붙이려면 예수의 삶과 가르침이 기본 정신이 되기를 바란다. "기독교" 간판만 붙이면 하나님의 일이라서 모든 것이 면제된다고 생각하면 큰 오산이다.

하나님 나라를 이 땅에 세우기

① 예수의 죽음 뒤 교회에서 직속 제자라는 특권 의식을 가졌던 제자들은 예수의 가르침을 어떻게 이해했을지 생각해보자.

> 1 이에 예수께서 무리와 제자들에게 말씀하여 이르시되 2 "서기관들과 바리새인들이 모세의 자리에 앉았으니 3 그러므로 무엇이든지 그들이 말하는 바는 행하고 지키되 그들이 하는 행위는 본받지 말라. 그들은 말만 하고 행하지 아니하며 4 또 무거운 짐을 묶어 사람의 어깨에 지우되 자기는 이것을 한 손가락으로도 움직이려 하지 아니하며 5 그들의 모든 행위를 사람에게 보이고자 하나니 곧 그 경문 띠를 넓게 하며 옷술을 길게 하고 6 잔치의 윗자리와 회당의 높은 자리와 7 시장에서 문안 받는 것과 사람에게 랍비라 칭함을 받는 것을 좋아하느니라. 8 그러나 너희는 랍비라 칭함을 받지 말라. 너희 선

생은 하나요, 너희는 다 형제니라. 9땅에 있는 자를 아버지라 하지 말라. 너희의 아버지는 한 분이시니 곧 하늘에 계신 이시니라. 10또한 지도자라 칭함을 받지 말라. 너희의 지도자는 한 분이시니 곧 그리스도시니라. 11너희 중에 큰 자는 너희를 섬기는 자가 되어야 하리라. 12누구든지 자기를 높이는 자는 낮아지고 누구든지 자기를 낮추는 자는 높아지리라"(마 23:1-12).

② 인종에 따라 사람을 차별하지 않는 예수의 행동은 교회를 세워 나가는 제자들에게 어떠한 의미였을지 생각해보자.

1예수께서 제자를 삼고 세례를 베푸시는 것이 요한보다 많다 하는 말을 바리새인들이 들은 줄을 주께서 아신지라. 2(예수께서 친히 세례를 베푸신 것이 아니요 제자들이 베푼 것이라.) 3유대를 떠나사 다시 갈릴리로 가실새 4사마리아를 통과하여야 하겠는지라. 5사마리아에 있는 수가라 하는 동네에 이르시니 야곱이 그 아들 요셉에게 준 땅이 가깝고 6거기 또 야곱의 우물이 있더라. 예수께서 길 가시다가 피곤하여 우물 곁에 그대로 앉으시니 때가 여섯 시쯤 되었더라. 7사마리아 여자 한 사람이 물을 길으러 왔으매 예수께서 물을 좀 달라 하시니 8이는 제자들이 먹을 것을 사러 그 동네에 들어갔음이러라. 9사마리아 여자가 이르되 "당신은 유대인으로서 어찌하여 사마리아 여자인 나에게 물을 달라 하나이까?" 하니 이는 유대인이 사마리아인과 상종하지 아니함이러라(요 4:1-9).

4장 하나님 나라의 기초 질서 II

③ 바울은 하나님의 통치 정신인 "평등"을 교회에서 실현하고자 노력했다. 인간과 인간 사이에 있는 수직적 계급 질서의 장벽을 어떻게 무너뜨리는지 바울의 예를 살펴보자. 먼저 바울은 빌레몬의 종인 오네시모를 어떻게 대우하자고 제안하는가?

10갇힌 중에서 낳은 아들 오네시모를 위하여 네게 간구하노라. 11그가 전에는 네게 무익하였으나 이제는 나와 네게 유익하므로 12네게 그를 돌려보내노니 그는 내 심복이라. 13그를 내게 머물러 있게 하여 내 복음을 위하여 갇힌 중에서 네 대신 나를 섬기게 하고자 하나 14다만 네 승낙이 없이는 내가 아무것도 하기를 원하지 아니하노니 이는 너의 선한 일이 억지 같이 되지 아니하고 자의로 되게 하려 함이라. 15아마 그가 잠시 떠나게 된 것은 너로 하여금 그를 영원히 두게 함이리니 16이 후로는 종과 같이 대하지 아니하고 종 이상으로 곧 사랑 받는 형제로 둘 자라. 내게 특별히 그러하거든 하물며 육신과 주 안에서 상관된 네게랴?(몬 1:10-16)

④ 바울은 교회 안의 유대인과 이방인 사이에 일어난 식탁 교제 문제와 차별에 대해 어떻게 반응했는지 살펴보자.

11게바가 안디옥에 이르렀을 때에 책망 받을 일이 있기로 내가 그를 대면하여 책망하였노라. 12야고보에게서 온 어떤 이들이 이르기 전에 게바가 이방인과 함께 먹다가 그들이 오매 그가 할례자들을 두려워하여 떠나 물러가매

13남은 유대인들도 그와 같이 외식하므로 바나바도 그들의 외식에 유혹되었느니라. 14그러므로 나는 그들이 복음의 진리를 따라 바르게 행하지 아니함을 보고 모든 자 앞에서 게바에게 이르되 "네가 유대인으로서 이방인을 따르고 유대인답게 살지 아니하면서 어찌하여 억지로 이방인을 유대인답게 살게 하려느냐?" 하였노라(갈 2:11-14).

⑤ 교회와 사회에서의 차별과 혐오 문제를 생각해보자. 예를 들어 장애인 학교를 "혐오" 시설로 인식하는 문제에 관해 그리스도인들의 자세는 어떠해야 할까?
⑥ 교회 안의 사람과 사람 사이의 수직적 질서를 수평적 질서로 바꿀 수 있는 방법에 관해 생각해보자
⑦ 그리스도인들이 세워가는 가정의 기본 질서는 무엇이어야 하는지 생각해보자.

수평적 질서가 깨진 세상의 수평을 바로잡기: 갑과 을이 없는 교회

"공관병 갑질 논란"
"종근당 회장 운전기사 폭언 논란"
알바생 93%, 손님의 "갑질" 경험
"미스터 피자, 하림 갑질 논란"

사실 대한민국에서 갑질의 횡포는 오래전부터 지속된 고질적 문제다. 하지만 유독 "갑질"이 2017년도에 이르러 신문 1면을 뒤덮었던 현상은 "을"들의 반란에서 그 원인을 찾아볼 수 있다. 즉 이제야 비로소 "을"이 자신의 고통을 말하기 시작했다는 것이다. 어쩌면 이는 갑의 횡포에 무의식적 "노예"가 되어버린 사람들이 부당함을 말할 수 있는 "환경"이 조성되었기 때문일지도 모른다.

성경의 출애굽기는 수백 년에 걸친 이스라엘의 "애굽 노예 생활"을 배경으로 쓰인 책이다. "노예"는 갑의 횡포를 당연하게 받아들이기 때문에 을의 입장인 이스라엘 민족은 갑에게 감히 자신들의 고충을 말할 수 없었다. 그들은 결국 "하늘"에 자신들의 고된 노동과 고통을 토로하게 된다.

성경은 이스라엘 민족의 수가 무시하지 못할 정도로 불어났음을 말하고 있음에도 그들은 제대로 된 "반란"조차 꿈꾸지 못했다. 그들은 이미 부당함에 익숙해져 있었고 뼛속 깊이 노예근성을 지니게 된 것이다. 그들에게 "저항"이라고는 고작 하늘을 향해 토로하는 일뿐이었다. 심지어 이스라엘의 지독한 노예근성은 애굽을 탈출한 이후에도 지속된다.

2이스라엘 자손 온 회중이 그 광야에서 모세와 아론을 원망하여 3이스라엘 자손이 그들에게 이르되 "우리가 애굽 땅에서 고기 가마 곁에 앉아 있던 때와 떡을 배불리 먹던 때에 여호와의 손에 죽었더라면 좋았을 것을 너희가 이 광야로 우리를 인도해내어 이 온 회중이 주려 죽게 하는도다"(출 16:2-3).

이스라엘 민족은 "자유"보다 "먹는" 문제를 더욱 중요한 삶의 지표로 삼았다. 인생의 목표가 "떡"(먹는 것)이 되어버린 이스라엘 민족은 인간의 본질적 문제를 잊고 갑의 횡포보다 먹고사는 문제를 더 큰 문제로 인식했다.

어쩌면 오늘날 대한민국의 많은 사람이 성경 속 이스라엘 민족의 모습과 닮아 있을지도 모른다. 사는 것이 너무 빠듯한 나머지 인생의 본질에 관해 생각하는 것은 사치로 여기기 때문이다. 나는 이 책을 쓰기 위해 여러 청년에게 이렇게 물었다.

"노동의 목적이 무엇인가?"

그러면 대부분 다음과 같은 대답이 돌아왔다.

"먹고사는 거요."

지금 우리네 삶은 인생의 본질보다는 "생존"을 위해 투쟁하는 것에 초점이 맞춰져 있다. 그러다 보니 "갑"의 횡포에 작은 "저항"조차 하지 못하게 되는 것이다. 심지어 "갑"을 이해하라는 조언까지 들어야 하는 상황이 펼쳐지기도 한다.

이 시대의 청년들이 하는 작은 "저항"이라고는 SNS나 친구들끼리 모인 카톡방에서 심정을 토로하는 것이 전부다. 어떤 청년은 기업에서 SNS를 사찰한다는 이야기 때문에 SNS에서조차 속 시원히 하고 싶은 말을 하지 못한다. 목소리를 못 내는 청년들의 인식도 문제지만 그들의 목소리를 들어주고 보호해주지 못하는 사회가 더 큰 문제다.

그렇다면 교회는 이들의 목소리에 귀 기울여주는가? 나는 단언컨대 "아니다"라고 말하고 싶다. 교회는 겉으로는 이들의 목소리를 들어주는 척한다. 하지만 실제로는 이스라엘 백성도 마지막으로 하소연한 창구가 "하늘"뿐이었으니 힘들겠지만 기도하자고 말하는 것이 전부다. 진정 이들의 호소를 들어주려면 "갑"의 횡포를 함께 막으려 노력하고 그들의 권리를 위해 목소리를 내야 하는데도 말이다. 더 큰 문제는 이런 교회의 태도와 조언에 많은 청년이 귀를 닫았다는 것이다. 이는 마치 모세가 이스라엘을 향해 "미래"를 제시했지만 듣지 않았던 것에 비견된다.

> 모세가 이와 같이 이스라엘 자손에게 전하나 그들이 마음의 상함과 가혹한 노역으로 말미암아 모세의 말을 듣지 아니하였더라(출 6:9).

이스라엘 민족의 마음에 아로새겨진 상처와 가혹한 노역은 하나님으로부터 전달받은 미래의 비전에도 귀 기울일 힘과 여유를 허락하지 않았다.

이는 필시 "미래"를 꿈꾸기보다 "생존"을 위해 투쟁하는 이 땅의 청년들의 현실을 있는 그대로 보여주는 듯하다. 이들의 마음은 피폐해질 대로 피폐해져 영적인 조언을 들을 힘과 여유조차 없다. 그렇다면 뼛속 깊이 "을"이 되어버린 이스라엘 민족을 위해 하나님이 내리신 조치는 무엇일까?

> 6이스라엘 자손에게 말하기를 "나는 여호와라. 내가 애굽 사람의 무거운 짐 밑에서 너희를 빼내며 그들의 노역에서 너희를 건지며 편 팔과 여러 큰 심판들로써 너희를 속량하여 7너희를 내 백성으로 삼고 나는 너희의 하나님이 되리니 나는 애굽 사람의 무거운 짐 밑에서 너희를 빼낸 너희의 하나님 여호와인 줄 너희가 알지라"(출 6:6-7).

먼저 그들을 무거운 짐과 노역에서 건져내는 것이 첫 번째 조치였다. 많은 사람이 이 본문을 "사탄"으로부터의 해방으로 설명하며 "영적인 해방"에만 집중한다. 그런데 그런 설명은 이스라엘 민족을 노역에서 건져내신 하나님이 오늘날의 노동자들은 노역에서 건져내지 못하시는가 하는 의문을 불러일으킨다. 따라서 그런 식의 해석은 문제의 소지가 다분하다. 구약 시대에 벌어진 일들을 단순히 영적인 관점에서만 해석하면 현실에 대한 책임을 회피하는 것으로 비치기 쉽다.

어쩌면 출애굽 당시의 기적이 지금 똑같이 일어나기는 불가능하다는 생각에 그런 해석이 유행했는지도 모른다. 마치 "산상수훈"은 죽은 뒤 천국에 가서 지키는 법도라고 말하는 것처럼 말이다.

그런데 우리가 출애굽 사건을 통해 깨달아야 할 사실은 당시 이스라엘 민족이 짊어져야 했던 노역은 하나님 나라의 가치 체계와 상반되는 것으로서 하나님이 보시기에 불의했다는 점이다. 그런 맥락에서 현재 교회가 하는 "복음 전도" 운동은 인간의 영적 해방만이 아니라 실제적인 육체적 "해방"도 함께 목표로 삼는 방향으로 나아가야 한다. 즉 교회는 고된 노동과 갑의 횡포에 고통 받는 많은 노동자들의 목소리를 듣고 그들의 노동 환경을 개선하기 위한 노력을 기울일 줄 알아야 한다. 하나님은 부당한 노동 시간, 임금 체불, 갑질은 불의라고 말씀하신다.

예수는 갑질 문제를 어떻게 말씀하셨나?

예수의 삶이 기록된 복음서에서 당대의 갑질 사례를 찾아보기는 힘든 것이 사실이다. 하지만 오늘날 우리가 겪는 것과 유사한 문제를 발견할 수 있는 몇몇 본문이 있다.

내가 보기에 복음서에서 우리가 만나는 첫 번째 갑질은 바리새인들의 갑질이 아닐까 싶다. 바리새인들은 민족적 "우월성"을 기반으로 한 선민사상을 갖고 있었고 성경에는 그들이 많은 사람에게 율법을 내세우면서 갑질을 일삼는 장면이 등장한다.

그들만의 선민사상이 바탕이 되어 자행된 갑질의 유형은 부정한 자들의 성전 출입 금지, 장애인 차별, 이방인 차별, 여성 차별 등을 들 수 있다. 예수는 이런 종교적 갑질을 일삼는 바리새인들에게 저항하셨다. 예수는 그들의 갑질 행위를 다음과 같이 묘사하신다.

> 1이에 예수께서 무리와 제자들에게 말씀하여 이르시되 2"서기관들과 바리새인들이 모세의 자리에 앉았으니 3그러므로 무엇이든지 그들이 말하는 바는 행하고 지키되 그들이 하는 행위는 본받지 말라. 그들은 말만 하고 행하지 아니하며 4또 무거운 짐을 묶어 사람의 어깨에 지우되 자기는 이것을 한 손가락으로도 움직이려 하지 아니하며 5그들의 모든 행위를 사람에게 보이고자 하나니 곧 그 경문 띠를 넓게 하며 옷술을 길게 하고 6잔치의 윗자리와 회당의 높은 자리와 7시장에서 문안받는 것과 사람에게 랍비라 칭함을 받는 것을 좋아하느니라. 8그러나 너희는 랍비라 칭함을 받지 말라. 너희 선생은 하나요, 너희는 다 형제니라. 9땅에 있는 자를 아버지라 하지 말라. 너희의 아버지는 한 분이시니 곧 하늘에 계신 이시니라. 10또한 지도자라 칭함을 받지 말라. 너희의 지도자는 한 분이시니 곧 그리스도시니라. 11너희 중에 큰 자는 너희를 섬기는 자가 되어야 하리라. 12누구든지 자기를 높이는 자는 낮아지고 누구든지 자기를 낮추는 자는 높아지리라"(마 23:1-12).

이 본문에서 예수는 종교적 "갑질"을 하는 서기관과 바리새인들이 "모세의 자리"에 앉았다고 말씀하신다. 그리고 그들은 갑질적 율법 행위로 많은 사람을 고단하게 하면서도 막상 자신들은 손 하나 까딱하지 않는다고 지적하신다. 또한 그들은 대접받기 좋아하고 명성 얻기를 좋아하는데, 예수가 드러내신 서기관이나 바리새인들의 갑질은 당시나 지금이나 별 차이가 없어 보인다.

예수는 이런 "갑"들에게 다음과 같은 가르침을 주셨다. 즉 "너희는 갑과 을이 아니라 모두 형제다." 그리고 "자기를 높이는 갑은 낮아지고 을은 높아지는 나라가 하나님 나라다."

한편, 복음서에는 바리새인들의 갑질뿐만 아니라 제자들의 갑질도 등장한다.

> 13그때에 사람들이 예수께서 안수하고 기도해주심을 바라고 어린 아이들을 데리고 오매 제자들이 꾸짖거늘 14예수께서 이르시되 "어린 아이들을 용납하고 내게 오는 것을 금하지 말라, 천국이 이런 사람의 것이니라" 하시고 15그들에게 안수하시고 거기를 떠나시니라(마 19:13-15).

제자들은 예수의 인기를 체감한 뒤 자신들도 모르는 사이에 스스로를 "갑"의 위치에 올려놓았다. 제자들의 태도를 살펴보면 마치 자신들의 통제 하에서만 예수를 만날 수 있다는 것을 은연중에 암시하며 일종의 "특권"을 설정해놓은 듯하다. 특히 이런 권력을 처음 맛본 제자들은 예수의 우편과 좌편 자리를 두고 논쟁을 벌이기도 한다.

더 난감한 것은 2,000년 전 제자들의 모습이 역사 속에서 그대로 이어지고 있다는 점이다. 기독교 역사를 살펴보면 나라의 패권을 두고 왕정과 싸움을 벌이는 교회 권력의 타락상이 곳곳에서 펼

쳐진다. 그리고 여전히 기득권을 두고 싸움을 벌이는 대한민국 교회와 종교인의 모습에서도 제자들의 특권 의식은 그대로 투영되고 있다.

마치 구원의 가능 여부가 자신들에게 달려 있는 양 종교인들이 패권과 기득권을 손에 쥔 채 여기저기서 힘과 권력을 행사하는 모습을 볼 때마다 끝까지 누가 더 높은지를 두고 싸운 제자들의 모습이 떠오른다. 한 예로, 먼 지역으로 이사를 간 성도에게 원래 다니던 교회를 섬겨야 복을 받는다는 협박 아닌 협박을 자행하는 것이 이런 갑질이 아니고 무엇이겠는가?

당연한 일이지만 예수는 특권 의식에 사로잡힌 제자들을 엄하게 꾸짖으셨다. 예수가 가져오신 하나님 나라는 "갑"도 "을"도 없는 나라이기 때문이다. 예수는 수평적 질서가 깨진 세상에서 수평을 바로세우고자 노력하셨다. 예수의 사역은 오로지 하나님이 세운 질서를 회복하기 위한 것이었으며, 예수가 우리에게 명령하신 선교는 단순히 예수 믿는 사람을 만들기 위한 것이 아니었다. 바로 질서가 깨어진 세상에 하나님 나라의 질서를 세우는 것, 그것이 진정한 예수의 목적이었다.

자연과 인간의 수평적 질서

하나님이 통치하시는 나라의 수평적 질서에는 자연과 인간 간의 수평적 질서가 포함된다. 하나님은 인간과 자연 간의 질서에 관해 다음과 같이 말한다.

> 하나님이 그들에게 복을 주시며 하나님이 그들에게 이르시되 "생육하고 번성하여 땅에 충만하라, 땅을 정복하라, 바다의 물고기와 하늘의 새와 땅에 움직이는 모든 생물을 다스리라" 하시니라(창 1:28).

성경은 인간에게 땅을 정복하고 동물을 다스리는 역할이 주어졌다고 말한다. 우리는 흔히 이 구절을 통해 인간에게 자연을 이용하고 동물을 마음대로 대할 권리가 주어졌다고 여긴다. 실제로 인류의 역사를 살펴보면 창세기 1:28의 "정복"을 식민지 개척과 산업혁명의 명분으로, 또한 "다스림"을 동물 학대 및 식용을 위한 사육의 정당화를 뒷받침하는 구절로 인용해왔다. 그 이유는 "정복"과 "다스림"이라는 표현이 인간과 자연 간에 설정된 위계적 질서를 뜻하는 것처럼 보이기 때문이다. 하지만 성경에서 말하는 "정복"과 "다스림"은 수직적 관계에서 흔히 나타나는 "마음대로"의 근거가 될 수 없다. 또한 창조세계와의 수직적 질서를 용인하고 정복과 다스림을 허용하는 것은 더더욱 아니다.

"정복"이라는 단어의 사전적 의미는 나라나 민족을 강탈하고 복종시킨다는 뜻이다. 하지만 최초의 인간에게 부여된 "정복"이 이스라엘의 역사에서 사용된 사례를 찾아보면 수탈과 굴종이 아니라

"정화"와 "회복"의 관점에서 사용됨을 알 수 있다(민 32:29; 수 18:1; 대상 22:18). 즉 정복은 하나님이 통치하시는 나라의 확장을 위한 정화와 회복을 말하는 것이며 다스림의 명령 역시 인간이 함부로 생물을 다스리거나 착취해도 된다는 "허용"의 의미가 아니다.

하나님이 인간을 자신의 형상에 따라 창조했다는 말씀에는 인간을 하나님이 창조한 왕국의 대리 통치자로 세우셨다는 의미가 내포되어 있다. 즉 인간에게 부여된 "다스림"의 명령은 하나님이 창조한 창조세계의 질서를 "보존"하라는 의미이지, 창조세계를 함부로 대해도 된다는 "허용"을 말하는 것이 아니다.

물론 "정복"과 "다스림"이라는 표현 자체가 갑의 위치에 있는 존재가 "을"을 대하는 태도로 간주되기 쉽다는 사실은 틀림없다. 하지만 인간에게 부여된 "정복"과 "다스림"은 위와 아래를 의미하는 수직적 체계가 아니라 하나님의 통치 아래에 부여된 수평적 "섬김"의 역할이다.

성경은 하나님이 세운 피조물과 인간 간의 수평적 질서가 깨진 세상이 본래의 질서로 회복되어야 한다고 말한다. 성경은 실제로 자연과 인간 간의 질서 회복에 관심이 많다.

> 1이새의 줄기에서 한 싹이 나며 그 뿌리에서 한 가지가 나서 결실할 것이요, 2그의 위에 여호와의 영 곧 지혜와 총명의 영이요, 모략과 재능의 영이요, 지식과 여호와를 경외하는 영이 강림하시리니, 3그가 여호와를 경외함

4장 하나님 나라의 기초 질서 II

으로 즐거움을 삼을 것이며 그의 눈에 보이는 대로 심판하지 아니하며 그의 귀에 들리는 대로 판단하지 아니하며 4공의로 가난한 자를 심판하며 정직으로 세상의 겸손한 자를 판단할 것이며 그의 입의 막대기로 세상을 치며 그의 입술의 기운으로 악인을 죽일 것이며 5공의로 그의 허리띠를 삼으며 성실로 그의 몸의 띠를 삼으리라. 6그때에 이리가 어린 양과 함께 살며 표범이 어린 염소와 함께 누우며 송아지와 어린 사자와 살진 짐승이 함께 있어 어린 아기에게 끌리며 7암소와 곰이 함께 먹으며 그것들의 새끼가 함께 엎드리며 사자가 소처럼 풀을 먹을 것이며 8젖 먹는 아이가 독사의 구멍에서 장난하며 젖 뗀 어린 아이가 독사의 굴에 손을 넣을 것이라. 9내 거룩한 산 모든 곳에서 해 됨도 없고 상함도 없을 것이니 이는 물이 바다를 덮음 같이 여호와를 아는 지식이 세상에 충만할 것임이니라(사 11:1-9).

이사야서의 저자는 하나님의 통치가 회복되는 "종말"의 때에는 동물과 인간이 평화롭게 공존할 것이라고 말하는데 이는 하나님이 통치하시는 나라의 본질적 질서다. 어릴 적 교회에서 부르던 "독사 굴에 어린이가 손 넣고 장난쳐도 물지 않는 참사랑과 기쁨의 그 나라가 속히 오리라"는 노래 가사 그대로의 세상이 바로 하나님이 통치하시는 나라의 참된 모습인 것이다.

나는 주일학교 시절 이 노래를 수없이 불렀지만 독사 굴에 손 넣어도 물리지 않는 나라란 나중에 죽어서 가는 "천국"인 줄 알았지, 이 땅의 자연과 인간의 평화를 의미하는 것인 줄은 미처 몰랐다.

오늘날 많은 사람이 익히 알고 있듯이 전 세계는 "환경문제"와 씨름해온 지 오래다.

여러 선진국은 탈 원전을 가속화하고 있으며 생태계 복원을 위해 막대한 자원을 쓰고 있다. 또한 친환경 도시 건설을 추구하며 자연과의 공존을 위해 끊임없이 노력하고 있다. 다행인 것은 늦은 감이 있지만 우리나라도 이런 흐름을 뒤따르고 있다는 점이다.

하지만 여전히 탈 원전에 대한 찬반 여론이 팽팽히 대립하고 4대강을 자연 상태로 복원하기 위한 노력은 여전히 지지부진하다. 지금 이 순간에도 우리는 여전히 자연과의 공존보다 인간의 불편함을 먼저 생각하기 때문이다.

그리고 여기서 가장 큰 문제는 환경문제 극복을 위해 정부와 환경단체가 힘을 합쳐 노력하고 있는데도 오늘날의 교회는 방관하는 수준에 머물러 있다는 것이다. 아마도 그 이유는 교회와 기독교인에게 생태윤리는 "세속"의 영역으로 간주되기 때문인 것 같다. 사실 작금의 사태에 대한 근본적인 원인은 하나님 나라에 관한 잘못된 이해에서 비롯된다.

2017년, 우리나라에서는 촛불혁명의 결과로 문재인 정부가 시작되었다. 새로운 정부가 출범하자 대통령이 가장 먼저 지시한 내용은 일자리 문제와 탈 원전에 관한 사항들이었다. 우리는 그 전해인 2016년 12월, "판도라"라는 영화를 통해 원전의 위험에 대한 경각심을 마음에 새겼다. 물론 체르노빌과 후쿠시마 사고를 통해 원전의 위험성에 관해서는 이미 알고 있었지만 여전히 우리 사회는 대한민국이 여러 재난으로부터 안전한 지역임을 강조할 뿐 원전 사고의 위험은 비중 있게 다루어오지 않았다. 그런 와중에 또 하나의 문제가 발생했다. 2016년 9월 12일, 경상북도 경주시 남남서쪽 8km 지점에서 발생한 강도 5.8의 지진으로 대한민국이 지진으로부터 안전하다는 맹신이 무너진 것이다. 이런 상황에서 출범한 문재인 정부는 처음부터 탈 원전 정책에 속도를 붙일 수 있었다.

현재 탈 원전에 관해 관심을 두는 사람은 원전 주변 지역민과 정치인, 학자들이 대부분일 것이다. 여기서도 심각한 문제는 탈 원전처럼 자연 생태와 관련된 정책이나 이슈에 기독교는 별 관심이 없다는 것이다. 탈 원전이 동성애 이슈나 할랄 단지 조성 이슈보다 사회적 관심을 덜 끌어서일까?

사실 동성애나 할랄 단지 조성과 같은 이슈는 대한민국 전체가 관심을 갖는 문제는 아니다. 그런데 한국 기독교는 정작 동성애와 이슬람 포교활동에 대한 사안은 종교적인 문제로 인식하면서 열을 올렸고, 탈 원전이나 강정마을 해군 기지 건설과 같은 환경 관련 문제는 사회문제로 치부하면서 발을 빼는 경향이 있었다. 원전 문제나 강정마을, 터널 공사와 같은 각종 환경 문제에 대한민국 기독교계는 침묵으로 일관하거나 무관심한 모습을 보인다.

하나님이 통치하시는 나라의 백성은 "진보"와 "보수"를 떠나 "생태계"에 관한 애정 어린 관심과 하나님이 창조하신 자연을 보존하려는 자세가 필요하다. 이런 태도야말로 하나님이 세우신 나라의 근본 질서이기 때문이다.

하지만 여전히 많은 기독교인은 4대강과 탈 원전 문제를 지역 이기주의와 정치적 프레임에 한정해 이해하고 있으며 교회에서는 언급조차 하지 않으려고 한다. 심지어 특정 정당을 지지하는 식의 정치적 발언을 하지 말라고 윽박지르기도 한다.

비슷한 맥락에서 심각한 문제 하나를 꼽자면, 세상의 차별이나 환경 문제를 위해 애쓰는 신실한 그리스도인들을 향해 동성애 지지자, 빨갱이, 종북이라는 프레임을 덮어씌워 매도하는 흐름이다. 상황이 이 지경이니 대한민국 교회에서 하나님 나라 백성으로 사는 것은 무척 힘든 일이다. 어쩌면 세상에서보다 더 힘들지도 모른다. 여전히 하나님 나라 백성으로 살기 위해 몸부림치는 많은 형제와 자매를 위해 기도드린다. 누가 뭐래도 분명한 사실은 교회는 정치적 성향을 넘어 국가와 시민단체가 벌이는, 차별 및 환경 문제 극복을 위한 노력에 동참해야 한다는 것이다. 그것은 교회가 취해야 할 마땅한 태도이고 하나님의 통치를 받는 백성들의 풍습이다.

> 교회가 수행해야 하는 빛과 소금의 역할은 세계 곳곳에 "교회"를 짓는 것이 아니라 하나님이 세우신 질서를 회복하기 위해 힘쓰는 것이다.

5장

하나님 나라와 인간

창세기의 창조 이야기에서 하나님은 최초의 인간에게 다음과 같은 역할을 부여하신다.

> 여호와 하나님이 그 사람을 이끌어 에덴 동산에 두어 그것을 경작하며 지키게 하시고(창 2:15).

창세기 2:15에서 인간에게 부여된 "경작"하고 "지키는" 역할은 단순히 "노동"을 의미하는 것으로도 볼 수 있지만 구약성경에서는 통상적인 의미 외에 다른 의미가 추가된다. 구약 시대 "경작"하고 "지키는" 일은 제사장에게 부여되는 역할이었으며 따라서 특별한 "노동"을 암시한다. 예를 들어 민수기 3:5-9에 등장하는 "경작"(시무)과 "지키다"란 말은 제사를 관할하는 레위인들에게 부여된 명령을 의미한다.*

> 5여호와께서 또 모세에게 말씀하여 이르시되 6"레위 지파는 나아가 제사장 아론 앞에 서서 그에게 시종하게 하라. 7그들이 회막 앞에서 아론의 직무와 온 회중의 직무를 위하여 회막에서 시무하되 8곧 회막의 모든 기구를 맡아 지키며 이스라엘 자손의 직무를 위하여 성막에서 시무할지니"(민 3:5-8).

---

* 에덴을 첫 성전으로, 아담과 하와를 첫 제사장으로 보는 관점에 관한 자세한 내용은 그레고리 K. 비일의 『성전 신학』(새물결플러스, 2014)을 참조하기 바란다.

하나님은 제사장 지파에게 성막을 관할하도록 맡기셨고 그들에게 부여된 "시무"와 기구를 맡아 "지키는" 역할은 다음의 구절을 통해 확장된다.

8여호와께서 아론에게 말씀하여 이르시되 9"너와 네 자손들이 회막에 들어갈 때에는 포도주나 독주를 마시지 말라. 그리하여 너희 죽음을 면하라. 이는 너희 대대로 지킬 영영한 규례라. 그리하여야 너희가 거룩하고 속된 것을 분별하며 부정하고 정한 것을 분별하고 또 나 여호와가 모세를 통하여 모든 규례를 이스라엘 자손에게 가르치리라"(레 10:8-11).

성막에서 시무하고 지키는 역할은 여러 가지 면에서 "봉사"의 의미를 담고 있다. 그런데 위의 구절을 자세히 살펴보면 어떻게 시무하고 지키는가에 대한 답이 "분별"에 있다는 것을 알 수 있다. 즉 제사장들에게 가장 중요한 자질은 거룩한 것과 속된 것 그리고 부정하고 정한 것을 "분별"하는 것에 있었으며 앞의 구절은 바르게 분별하기 위해 어떤 조건을 갖추어야 하는지 상세히 기술한다.

앞의 본문은 바른 분별을 위해 "포도주나 독주"를 마시지 말 것을 명령하고 있다. 그런데 이 본문이 궁극적으로 의미하는 바는 단순히 "술 취하지 말라"는 것이 아니라 "분별"을 해치는 어떠한 행위도 하지 말라는 것이다. 이것이 가장 중요하게 강조되어야 할 핵심 사항이다.

한편, 좀 더 확장해서 "분별"에 내포되어 있는 주제를 살펴보면 이스라엘은 하나님 나라의 가치와 이방 나라의 가치를 좀 더 날카롭게 "분별"할 필요가 있었다.

> 3너희는 너희가 거주하던 애굽 땅의 풍속을 따르지 말며 내가 너희를 인도할 가나안 땅의 풍속과 규례도 행하지 말고 4너희는 내 법도를 따르며 내 규례를 지켜 그대로 행하라. 나는 너희의 하나님 여호와이니라(레 18:3-4).

아담과 하와는 에덴에서 거룩한 "노동"의 역할을 부여받았다. 그것은 에덴을 섬기고 지키는 일이다. 그것은 정원사가 정원을 가꾸고 해로운 동물로부터 초목을 보호하는 역할과 흡사하다.

또한 아담과 하와는 하나님이 창조한 세상의 "샬롬"을 지키고 보존하기 위해서는 "분별"이 필수적인 덕목이라는 것을 알고 있었다. 즉 아담과 하와는 부정한 것으로부터 에덴을 지키고 하나님 나라의 "질서"와 "무질서"를 분별할 수 있어야 했다.

> 어쩌면 많은 그리스도인이 "술"을 먹지 않는다고 자부하지만 실제로는 늘 술에 취해 있는 것처럼 분별력 없는 삶을 살고 있을지 모른다.

6장

정의와 공의에 입각한 하나님의 통치

성경은 아담과 하와 이후 인간의 타락 때문에 깨져버린 질서(창 1-3장)가 아브라함(창 12장) 대(代)에 이르러 회복되는 과정을 보여준다. 하나님은 아브라함을 통해 하나님의 통치(질서)가 살아 있는 나라를 회복하시고자 한다.

> 1여호와께서 아브람에게 이르시되 "너는 너의 고향과 친척과 아버지의 집을 떠나 내가 네게 보여 줄 땅으로 가라. 2내가 너로 큰 민족을 이루고 네게 복을 주어 네 이름을 창대하게 하리니 너는 복이 될지라. 3너를 축복하는 자에게는 내가 복을 내리고 너를 저주하는 자에게는 내가 저주하리니 땅의 모든 족속이 너로 말미암아 복을 얻을 것이라" 하신지라(창 12:1-3).

하나님의 질서가 깨진 세상에 질서 세우기

하나님은 인간의 타락으로 깨져버린 하나님 나라와 그 나라의 "통치 질서"를 "아브라함"을 통해 회복하고자 하셨다. 여기서 우리가 주목해야 할 점은 아브라함을 통해 세우고자 하는 하나님 나라의 질서가 "정의"와 "공의"를 기반으로 한다는 점이다.

> 내가 그로 그 자식과 권속에게 명하여 여호와의 도를 지켜 의와 공도를 행하게 하려고 그를 택하였나니 이는 나 여호와가 아브라함에게 대하여 말한

일을 이루려 함이니라(창 18:19).

성경에 아브라함 이전에는 없었던 "민족" 개념이 등장한 후, 한 나라의 "정의"와 "공의"가 지켜지는지 여부가 매우 중요한 주제로 등장한다. 여기서 "정의"와 "공의"가 지켜지는 나라란 하나님이 부여하신 수직적·수평적 질서가 행해지는 나라를 뜻한다. 이것은 곧 통치자이신 하나님의 속성이자 하나님의 통치가 세워지는 기초라고 할 수 있다.

> 그는 반석이시니 그가 하신 일이 완전하고 그의 모든 길이 정의롭고 진실하고 거짓이 없으신 하나님이시니 공의로우시고 바르시도다(신 32:4).

> 그는 공의와 정의를 사랑하심이여, 세상에는 여호와의 인자하심이 충만하도다(시 33:5).

하나님의 통치가 이 땅에 임한다는 것은 하나님이 인간을 통해 하나님 자신의 정의와 공의를 이 땅에 세우시겠다는 뜻이다.

정의란 무엇인가

마이클 샌델의 저서 『정의란 무엇인가』(와이즈베리, 2014)는 한국에서만 200만 부가 팔렸다. 아마도 세계 여러 나라 중에서 가장 많이 팔리지 않았을까 싶다. 샌델은 이 책에서 현대 사회의 다양한 문제들을 다루는 한편, 다소 어려울 수 있는 정의에 대한 담론을 토론 형식으로 쉽게 풀어냈다.

그는 자신의 저서를 통해 정의를 판단하는 정치 철학 기준을 제시했다. 곧 첫 번째는 최대 행복을 목표로 하는 공리주의, 두 번째는 개인의 권리와 선택을 중요시하는 자유지상주의, 세 번째는 동기를 중요시하는 칸트의 윤리, 네 번째는 평등을 강조하는 롤즈, 마지막으로 도덕적 자격을 중요시하는 아리스토텔레스다.

사실 샌델이 제시한 기준은 크게 보면 개인 자유주의와 공동체주의로 나눌 수 있다. 예를 들어 교회 건축이 정의인가란 명제를 두 가지 기준에 따라 나눠보면 담임 목사의 행복을 위한 선택과 다수 공동체의 행복을 위한 선택으로 나눌 수 있다. 여기서 칸트는 아무리 교회 건축이 공동체를 위한 선이라도 그렇게 큰돈을 쓰고 대출까지 받는 일이 꺼려진다면 하지 않는 것이 정의라고 할 것이다.

철학자들은 정의의 기준을 크게 개인의 유익과 공동체의 유익으로 나누어 구분한다. 보통 사람들은 개인보다는 공동체의 유익을 선택하는 것이 정의에 가깝다고 생각할 것이다. 하지만 다수 공동체의 행복을 위해 소수가 희생해야 하는 것도 정의롭지 못한 일이다. 예를 들면 사드를 성주에 배치하는 일 등이 그렇다.

그렇다면 철학자가 아닌 예수가 말씀하시는 정의는 무엇일까?

사실 예수는 정의의 개념을 명확하게 밝히신 적이 없다. 그렇기 때문에 그가 정의를 무엇이라고 생각했는지 확실하게 알 방법은 없다. 하지만 착한 사마리아인 이야기를 통해 예수가 생각한 정의가 무엇이었는지 미루어 짐작하는 것은 가능하다.

예수는 레위인이나 제사장 개인의 행복을 위한 침묵이 정의롭지 못하다고 평가하셨다. 사실 레위인과 제사장 입장에서는 다른 사람에게 피해를 준 것이 없을뿐더러 강도를 당한 자와 접촉해 부정해지기라도 하면 괜히 곤란해질 가능성이 있으므로 사마리아인을 외면할 자유가 있었다. 하지만 예수는 그러한 선택이 옳지 못하다고 말씀하셨다.

반면, 착한 사마리아인의 경우 지극히 개인을 위한 선택이었고 더욱이 사마리아 집단에 큰 불편함을 줄 수 있는 선택이었다. 따라서 공리주의 관점에서 보면 결코 정의로운 행동은 아니었다. 그런데 바로 이 부분에서 예수가 생각한 정의의 개념이 드러난다.

만약 누군가가 예수에게 개인과 공동체의 윤리 중 어느 것이 옳은지 선택하라고 한다면 그분은 어느 쪽도 선택하지 않고 "사랑"이 곧 정의라고 말씀하실 것이다. 즉 그에게 정의는 사랑의 다른 이름이며 나보다 남, 남보다 우리, 우리보다 타자의 공동체를 먼저 사랑하는 것이자 정의를 바로 세우는 일일 것이다.

그런데 이러한 기준으로 볼 때 과연 교회 공동체에 정의가 있는지는 생각해볼 일이다. 그도 그럴 것이 오늘날 교회에 다른 사람보다 나를 먼저 생각하는 모습은 차고도 넘칠 지경이다. 게다가 백번 양보해서 배려라고 해도 서로 피해주지 않는 선에서 지켜지는 수준일 뿐 진정한 의미의 배려는 찾아보기 어렵다. "우리끼리" 문화는 또 얼마나 심각한지, 우리 교회와 너희 교회를 구분하고 우리 부서와 너희 부서를 구분 짓는 일이 허다하다. 사실 이쯤 되면 타자에 대한 배려를 기대하는 것은 사치다. 타 종교는 물론 나와 의견이 다른 사람들에 대한 비방은 혐오를 넘어 그들을 지옥에 갈 사람들로 정죄하고 저주를 퍼붓는 데까지 나아간다. 아마도 배제하고 혐오하는 일에 익숙한 교인들에게 하나님 나라에서의 정의란 무엇인가 하고 물으면 대부분 이렇게 대답할 것이다.

"하나님 뜻대로 사는 거죠."

사실 그들의 진짜 문제는 "하나님의 뜻"이 무엇인지 모르는 데 있다.

공의 없는 세상과 마주하다

2014년 4월 16일, 인천에서 제주로 향하던 여객선 세월호가 진도 인근 해상에서 침몰하면서 승객 304명이 사망, 실종된 대형 참사가 일어났다. 대한민국의 많은 국민은 정부의 무능력에 분노했고 철저한 진상 규명을 요구했다. 수많은 시민이 거리로 나와 세월호 인양을 위해 목소리를 높였으며 한 점 의혹 없이 진상이 규명되기를 간절히 바랐다. 우여곡절 끝에 특조위가 구성되어 세월호 참사를 규명하는 듯했으나 여러 방해로 인해 여전히 진실은 밝혀지지 못한 상태로 남아 있다. 유가족들은 아이들의 죽음의 진실을 알기 위해 사고 원인을 철저히 조사해줄 것을 요구했으나 이런 상식적인 요구도 제대로 받아들여지지 않았다. 이해도, 납득도 되지 않는 대한민국 정부의 태도는 유가족뿐만 아니라 대다수 시민을 분노하게 했다. 억울한 이들의 탄식과 탄원을 듣지 않는 정부, 법과 질서가 제대로 시행되지 않는 정부에 대해 불신과 분노는 쌓여만 갔고 이때 만난 여러 청년은 한결같이 이렇게 말했다.

"이민 가고 싶어요."

또한 법이 지켜지지 않고 약자가 보호를 못 받는 나라를 향해 사람들은 "이게 나라냐?"라고 외쳤다.

성경은 하나님 나라의 가장 중요한 특징이자 하나님이 세우신 통치 질서의 기초가 "정의와 공의"라고 말한다. 즉 하나님이 왕으로서 통치하시는 하나님 나라는 그 통치 정신의 근간인 "정의와 공의"가 살아 있는 나라라고 말할 수 있다.

여기서 말하는 정의와 공의는 대부분의 경우 약자들에 대한 관심과 분배와 연결되며 특히 공의는 재판의 공정성을 말할 때 주로 사용된다. 즉 하나님 나라의 모든 국민은 평등해야 한다는 것을 알 수 있다.

18네 하나님 여호와께서 네게 주시는 각 성에서 네 지파를 따라 재판장들과 지도자들을 둘 것이요, 그들은 공의로 백성을 재판할 것이니라. 19너는 재판을 굽게 하지 말며 사람을 외모로 보지 말며 또 뇌물을 받지 말라. 뇌물은 지혜자의 눈을 어둡게 하고 의인의 말을 굽게 하느니라. 20너는 마땅히 공의만을 따르라. 그리하면 네가 살겠고 네 하나님 여호와께서 네게 주시는 땅을 차지하리라(신 16:18-20).

어떤 국가를 막론하고 국민이라면 누구나 바라는 삶의 안정성은 "법"이 차별 없이 공의롭게 지켜질 때 비로소 얻을 수 있다. 아무런 "불안과 염려" 없이 안정감 있는 삶을 영위하는 것은 하나님 나라의 기본 조건이기도 하다. 성경은 하나님이 세우고자 한 나라는 "법"이 차별 없이 공정하게 지켜지는 나라라고 분명히 밝히고 있다(신 27:17, 19).

반면, 차별이 기승을 부리고 억울한 이가 속출하는 나라는 "불의"한 나라라고 할 수 있으며 이러한 가치는 이방 나라의 가치이자 심판의 대상이라는 점을 알 수 있다(사 29:21; 암 5:12).

성경은 하나님의 통치 정신인 "정의와 공의"가 실현되는 나라에는 "평안"이 있을 것이라 말한다.

5여호와의 말씀이니라. 보라! 때가 이르리니 내가 다윗에게 한 의로운 가지를 일으킬 것이라. 그가 왕이 되어 지혜롭게 다스리며 세상에서 정의와 공의를 행할 것이며 6그의 날에 유다는 구원을 받겠고 이스라엘은 평안히 살 것이며 그의 이름은 여호와 우리의 공의라 일컬음을 받으리라(렘 23:5-6).

대한민국은 불행하게도 오랫동안 "평안" 없이 "불안"만 가중되어왔다. 불안 사회에서 자라난 청년들은 나라를 믿지 못한 채 내일을 염려하며 살아가고 있다. 우리에게 주어진 미래에 대한 불안과 나라에 대한 불신은 지금 우리나라가 "불의"의 길을 걷고 있기 때문이다. 여전히 우리는 뉴스를 통해 돈 없는 자의 억울한 사연과 치외법권 지대에 있는 돈 있는 자의 삶을 마주한다. 성경은 이런 세상을 "불의"하다고 평가한다.

하나님은 믿음의 백성들을 통해 공의가 사라진 세상에 공의가 바로 선 나라를 만드실 계획을 세우셨다. 그리고 그 직무는 현재 교회에 있다. 하지만 이런 세상을 불의하다고 말하는 "교회"는 많지 않다. 자본 권력을 사용해 교묘하게 법을 피해가는 대기업 오너들의 행태와 가난한 자들의 억울한 외침이 교차하는 사회에서 가장 앞서 "불의"함을 외치고 억울한 자들을 신원해줘야 하는 곳이 다름 아닌 교회여야 한다. 하지만 교회는 세상의 불의에 관심이 없다. 오히려 부조리로 가득 찬 사회에서 불의에 고통당하는 이들을 외면하고 있다. 특히 불의하기 그지없는 사회의 희생양인 청년들을 보호하는 일에는 속수무책이다. 나라의 불의 때문에 고통 받는 이들을 위해 "나라"를 바꿀 생각은 하지 않는 것이다. 아마도 그 이유는 교회가 나라 탓이 아니라 사람 탓만을 하기 때문일 것이다.

예수는 이 땅에 오셔서 "세상"과는 다른 "평안"을 우리에게 주셨다. 그것은 세상의 불의를 자신의 몸으로 저지하면서까지 가지고 오신 "평안"이다.* 교회는 엉뚱한 영적 세력과 영적 싸움을 벌일 것이 아니라 "세상"의 불의와 싸우고 공동체적으로 불의에 저항하며 불의의 폭주 기관차를 멈춰 세워야 할 것이다.

깨어진 세상에 정의와 공의 세우기

① 하나님의 정의와 공의를 이 땅에 세우는 다윗에 관해 생각해 보자.

다윗이 온 이스라엘을 다스려 다윗이 모든 백성에게 정의와 공의를 행할새
(삼하 8:15).

② 정의와 공의를 세우지 못한 솔로몬의 말로에 관해 알아보자.

---

* 다음 성구를 참고하라. "평안을 너희에게 끼치노니 곧 나의 평안을 너희에게 주노라. 내가 너희에게 주는 것은 세상이 주는 것과 같지 아니하니라. 너희는 마음에 근심하지도 말고 두려워하지도 말라"(요 14:27); "이것을 너희에게 이르는 것은 너희로 내 안에서 평안을 누리게 하려 함이라. 세상에서는 너희가 환난을 당하나 담대하라. 내가 세상을 이기었노라"(요 16:33).

"당신의 하나님 여호와를 송축할지로다. 여호와께서 당신을 기뻐하사 이스라엘 왕위에 올리셨고 여호와께서 영원히 이스라엘을 사랑하시므로 당신을 세워 왕으로 삼아 정의와 공의를 행하게 하셨도다" 하고 (왕상 10:9).

3…무리가 사람을 보내 그를 불렀더라. 여로보암과 이스라엘의 온 회중이 와서 르호보암에게 말하여 이르되 4"왕의 아버지가 우리의 멍에를 무겁게 하였으나 왕은 이제 왕의 아버지가 우리에게 시킨 고역과 메운 무거운 멍에를 가볍게 하소서. 그리 하시면 우리가 왕을 섬기겠나이다." 5르호보암이 대답하되… (왕상 12:3-5).

③ 복음서를 통해 예수가 어떻게 이 땅에 정의와 공의를 실현했는지 그 삶과 가르침을 살펴보자. 예수는 가난한 자와 약자를 돌보시며 율법의 근본 정신에 기초한 공의로운 심판이 무엇이고 서로 사랑하는 삶이 어떤 것인지 몸소 보여주셨다

예수는 이 땅에 오셔서 "세상"과는 다른 "평안"을 우리에게 주셨다. 그것은 세상의 불의를 자신의 몸으로 저지하면서까지 가지고 오신 "평안"이다.

7장

하나님 나라의 회복

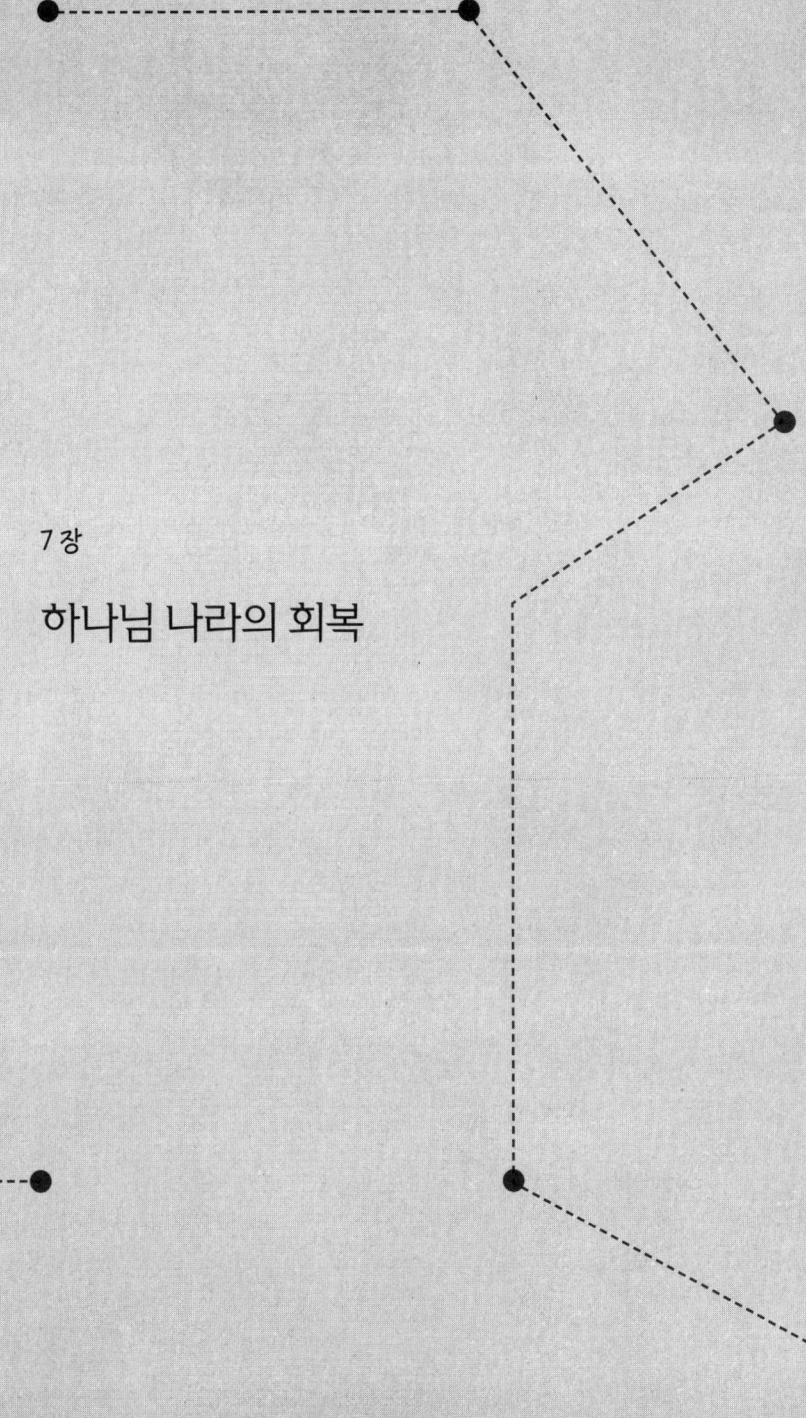

하나님의 동역자들

하나님 나라가 이 땅에 세워지는 것은 전적으로 하나님의 주도하에 이루어진다. 하지만 성경은 "인간"의 역할도 중요하다는 점을 강조한다.

구약성경은 각 권마다 중요한 인물을 등장시키는데 모세오경에서는 아브라함과 모세, 역사서에서는 여호수아와 사사 및 선지자, 그리고 다윗을 꼽을 수 있다.* 하나님은 당신의 백성들에게 약속하신 하나님 나라를 이 땅에 세우기 위해 그 일에 동역할 "모세"를 부르신다. 다시 말해 하나님 나라를 세우는 도구로서 모세가 사용되는 것이다. 하나님은 모세에게 다음과 같이 자신의 계획을 말씀하신다.

> 이제 내가 너를 바로에게 보내어 너에게 내 백성 이스라엘 자손을 애굽에서 인도하여내게 하리라(출 3:10).

이 말씀은 바로의 통치를 받고 있는 이스라엘 민족을 구원해 당신의 백성으로 삼는 중대한 역할을 하나님이 모세에게 맡기시는 장면이다. 하지만 모세는 막중한 임무가 갖는 중압감에 놀란 나머지

---

* 여기서 임의로 뽑힌 인물들은 더 "특별"해서라기보다는 "비중"을 고려한 결과다.

자신의 처지와 상황이 그런 역할을 수행할 만큼 좋지 못하다고 말한다.

> 모세가 하나님께 아뢰되 "내가 누구이기에 바로에게 가며 이스라엘 자손을 애굽에서 인도하여내리이까?"(출 3:11)

"내가 누구이기에"라는 표현에는 여러 감정과 생각이 담겨 있다. 자신은 바로에 맞서 한 민족을 이끌 만한 재목이 아니라는 것을 누구보다 모세 스스로가 잘 알았다. 따라서 스스로 자신의 능력을 판단한 뒤 하나님이 시키시는 일을 할 만한 자질이 없음을 밝히며 위와 같이 표현한 것이다.

마치 누군가가 성가대를 하라고 하면 나는 "노래를 잘하지 못하는 사람"이라고 규정하고 거절부터 하는 것처럼 말이다. 하지만 하나님은 모세의 입장에서 동문서답과 같은 대답을 하신다.

> 하나님이 이르시되 "내가 반드시 너와 함께 있으리라. 네가 그 백성을 애굽에서 인도하여낸 후에 너희가 이 산에서 하나님을 섬기리니 이것이 내가 너를 보낸 증거니라"(출 3:12).

모세는 자기 자신을 너무나 잘 알기에 하나님의 소명을 에둘러 거절했으나 하나님은 그에 대한 응답으로 예상 밖의 대답을 내놓으신다. 즉 모세를 추켜세우며 그의 능력을 깨닫게 하는 것이 아니라 "내가 너와 함께하겠다"는 응답을 주시는 것이다. 이것은 하나님 나라를 세우는 일은 모세의 능력과는 무관하다는 것을 뜻한다. 하나님 나라가 세워지는 것은 모세가 누구인지 여부에 달린 것이 아니라, 누가 함께하는지가 중요하며 이것은 좀 더 일상적인 영역에서도 마찬가지다. 가령 노래를 잘하지 못한다면 그저 서 있기만 해도 상관없다. 나 하나쯤 립싱크를 해도 성가대의 노래에는 지장이 없기 때문이다.

한편, 하나님 나라의 백성으로 선택받은 이스라엘 민족을 이주시키는 역할을 모세가 맡았다면 이후 하나님이 약속하신 땅으로 향하는 여정에서 하나님은 다른 인물을 사용하신다. 출애굽 이후 성경에 등장하는 여호수아가 바로 하나님이 모세 다음으로 선택하신 인물이다. 이때도 역시 여호수아가 누구인지는 중요하게 취급되지 않는다. 그저 하나님의 계획에 순응하고 순종하기만 하면 되기 때문이다.

> 네 평생에 너를 능히 대적할 자가 없으리니 내가 모세와 함께 있었던 것 같이 너와 함께 있을 것임이니라. 내가 너를 떠나지 아니하며 버리지 아니하리니(수 1:5).

종종 기독교인들을 만나 대화를 나누다 보면 "교회" 이야기가 자연스럽게 나오곤 한다. 그런데 다니는 교회에 따라 사람들의 태도가 다른 것을 느낄 때가 많다. 가령 자신이 다니는 교회가 "대형 교회"이면 교회를 자랑하고 자신이 그 교회 소속인 것을 은근히 강조하며 우쭐대기도 한다.

반대로 개척 교회를 다니는 사람은 교회에 관해 이야기할 때 "저는 개척 교회에 다녀요. 이름 말해도 잘 모르실 거예요" 한 뒤 자신의 교회에 관해 짧게 이야기한다. 더 안타까운 것은 그런 사람일수록 대형 교회에 다니는 사람들 앞에서 위축되는 탓인지 교회 이야기 자체를 좀처럼 꺼내지 않는다는 사실이다.

솔직히 고백하자면 나 역시 신학교에 다니던 시절, 아버지가 개척 교회 목사라는 이유로 대형 교회 담임 목사의 아들들 앞에서 위축된 적이 있다. 이런 분위기는 사역 현장에까지 이어지는데 큰 교회의 사역을 하는 사람과 작은 교회의 사역을 하는 사람들 간에는 보이지 않는 간극이 존재하는 것 같다.

큰 교회에서 사역을 하는 사람들이 받는 급여와 복지에 관해 듣다 보면 작은 교회에서 사역하는 사람들은 상대적으로 박탈감을 가질 수밖에 없다. 심지어 신학교에도 보이지 않는 신분 체계가 존재한다. 예를 들면 성골, 진골, 평민으로 나뉘는 식이다. 목회자의 자녀는 성골, 장로의 자녀는 진골, 그리고 나머지는 평민으로 구분된다. 이런 구분은 수업 전 자신이 다니는 교회를 말하게 하면서 자연스럽게 드러난다.

교회 안에서도 목사 자녀, 장로 자녀, 권사 자녀, 집사 자녀, 혼자 믿은 사람 순으로 줄이 세워진다. 실제로 교회에서 청년 학생들에게 "부모님 잘 계시니?", "부모님이 누구시니?" 하고 물으며 차별하는 경우가 비일비재하다.

다니는 교회의 규모나 교회 내 부모의 직분은 전부 환경적인 요소일 뿐이다. 하지만 모세는 신분과 재물, 그리고 배경이 자신의 능력을 말해준다고 착각했고 이것은 오늘날의 기독교인들도 마찬가지다. 특히 기독교인들은 자신이 다니는 교회의 크기와 자신의 능력을 동일시하는 경향이 있다. 심지어 어떤 부모들은 교회에서 공공연히 자녀들이 하나님께 크게 쓰임 받게 해달라고 간절히 기도하며 헌금을 하기도 한다. 수능 기도회 때는 "축복 기도"라는 명목하에 좋은 대학에 합격해 큰사람으로 사용받기를 간절히 바란다며 복을 빌어주기도 한다.

그렇다면 하나님은 정말 자신의 나라를 세우는 데 세속적으로 유능한 사람을 사용하실까? 앞서 살펴본 바에 의하면 신분과 환경이 말해주는 능력은 하나님 나라를 세우는 것과는 무관하다. 또한 큰 교회인지 작은 교회인지 여부도 하나님 나라를 확장하는 것과는 아무런 상관이 없다. 큰 교회가 자본을 앞세워 여러 지역 및 나라에 교회를 세우는 것이 하나님 나라를 위해 크게 쓰임 받는 것이 아니냐고 할 수도 있지만 나는 전혀 그렇게 생각하지 않는다.

하나님은 다윗을 선택하실 때 "외모"를 보지 않으셨고, 고대사회에서는 신분으로 간주되는 장남이 아니었음에도 그를 지목하셨다. 성경은 일관되게 하나님이 "외모"를 중요하게 생각하지 않으신다고 말한다. 성경에서 중시하는 것이 있다면 그것은 하나님이 그와 함께하시는가의 여부다. 하나님 나라를 위해서는 큰사람이 되고 큰 교회에서 사역하는 것이 중요할까? 그렇지 않다. 정말로 중요한 것은 그 사람이 하나님과 함께하는가, 그 교회가 하나님과 동행하는 교회인가다.

하나님과의 소통이 없다면 말 그대로 "사이즈"는 아무 소용이 없다. 하나님 나라는 오히려 신분과 능력을 초월해 겸손한 자세로 하나님과 함께하는 자들의 것이다. 하나님은 그런 자들을 귀히 쓰시는 분이다.

나사렛 예수

신약 시대에 접어든 후 하나님은 예수를 통해 당신의 통치 질서를 이 땅에 구현하신다. 그리고 새로운 이스라엘 공동체인 제자들을 선별하셨다. 복음서 저자들은 예수와 제자들이 나사렛과 갈릴리 출신임을 밝힌다. 이는 예수와 제자들이 당시 팔레스타인의 중심지였던 예루살렘에 터를 잡은 사람들로서는 인정하기 어려운 출신 성분을 가진 사람들이었다는 사실을 말해준다. 따라서 성경에 다음과 같은 구절이 등장하는 것은 어찌 보면 당연한 일이다.

나다나엘이 이르되 "나사렛에서 무슨 선한 것이 날 수 있느냐?" 빌립이 이르되 "와서 보라" 하니라(요 1:46).

또한 당대의 사람들이 예수가 나사렛 출신이라는 이유로 조롱하며 평가절하하는 모습도 볼 수 있다.

무리가 이르되 "갈릴리 나사렛에서 나온 선지자 예수라" 하니라(마 21:11).

잘 알려져 있듯이 제자들 역시 예수와 마찬가지로 갈릴리 출신이었으며 어부와 세리 등으로 이루어져 있었다. 당시로 따지면 초라하기 그지없던 그들의 출신 배경은 이후 예루살렘 종교 지도자들의 조롱거리가 된다.

반면 예루살렘의 종교 지도자들은 자신들의 우월한 출신과 배경이 하나님 나라의 백성으로 선택받은 근거라고 생각했으며 따라서 일종의 자부심까지 가졌다. 하지만 하나님 나라의 복음은 예루살렘 종교 지도자들이 아닌 제자들의 마음의 밭에 심겼고 바로 이것이야말로 하나님 나라의 비밀이라고 할 수 있다.

"씨 뿌린 자"의 비유에서 예수가 말씀하신 좋은 밭은 12제자들을 가리킨다. 그리고 그들을 조롱했던 예루살렘의 종교 지도자들은 도리어 돌밭과 가시밭으로 치부된다. 세상의 상식으로는 이해하기 어려운 이 역설은 예수가 설파한 비유를 통해 만천하에 환하게 드러난다.

이처럼 하나님 나라는 출신과 배경을 뛰어넘은 나라다. 더 나아가 우리는 하나님 나라가 이 땅에 도래할 수 있었던 것은 저주의 상징인 십자가를 통해서였음을 기억해야 한다. 또한 가장 천한 동네로 취급된 갈릴리와 나사렛 출신 사람들이 이 땅에 하나님 나라를 가져온 참된 일꾼이었다는 것도 아울러 기억해야 한다.

예수의 비유를 통해 우리가 알 수 있는 하나님 나라의 비밀은 그 나라가 매우 역설적이고 전복적이라는 사실이다. 오로지 출신과 배경에만 시선을 고정한 채 자신이 누구인지를 이해하려는 우매한 사람이 있다면 안타깝게도 그 사람은 하나님 나라의 비밀을 영원히 알 수 없을 것이다.

> 하나님 나라의 회복은 큰 교회를 통해 이루어지는 것이 아니라 하나님과 함께하는 교회를 통해 이루어진다.

8장

가나안에 꽃피는
하나님 나라

하나님 나라의 모델로 제시된 에덴은(창 1-2장) 인간에 의해 파괴되었고(창 3장), 이후 하나님은 이스라엘 민족을 통해 "가나안" 땅을 중심으로 하나님 나라를 "회복"하신다. 한편, 에덴에서 하나님 나라에 도전하고 위기를 조장하는 존재가 "뱀"이었다면 가나안 땅에서의 갈등 요소는 이방 나라로 대변된다.

우리는 애굽 백성입니다

하나님의 통치 질서가 살아 있는 나라를 세우기 위해 하나님은 아브라함에게서 비롯된 "민족"인 이스라엘을 애굽 땅에서 부르신다.

> 5이제 애굽 사람이 종으로 삼은 이스라엘 자손의 신음 소리를 내가 듣고 나의 언약을 기억하노라. 6그러므로 이스라엘 자손에게 말하기를 "나는 여호와라. 내가 애굽 사람의 무거운 짐 밑에서 너희를 빼내며 그들의 노역에서 너희를 건지며 편 팔과 여러 큰 심판들로써 너희를 속량하여 7너희를 내 백성으로 삼고 나는 너희의 하나님이 되리니 나는 애굽 사람의 무거운 짐 밑에서 너희를 빼낸 너희의 하나님 여호와인 줄 너희가 알지라"(출 6:5-7).

하나님 나라의 백성이 되기 전의 이스라엘 민족에게서는 하나님 나라의 질서와 통치 체계를 찾아보기 힘들었다. 오히려 이스라엘 민족은 뼛속 깊이 애굽의 "종"이었다. 이스라엘 민족은 하나님 나라의 핵심 질서인 수직적 질서를 바로와의 관계에서, 그리고 수평적 질서는 인간과 인간 사이의 착취를 통해 경험하게 된다.

하나님은 뼛속 깊이 노예근성에 젖어 있는 이스라엘 민족을 구원해 자신의 백성으로 삼으신 뒤 "수직적" 질서의 회복을 선포하신다. 하나님은 바로의 "노예"였던 이스라엘 민족을 건져내 자신의 백성으로 삼으신 뒤 하나님 나라의 새로운 질서 속으로 인도하신다. 마찬가지로 하나님이 우리를 부르신 것은 뼛속 깊이 사탄의 종노릇 하던 우리를 구하여 자신의 백성으로 삼으신 것이다.

애굽의 나라에서 하나님 나라로

하나님과 이스라엘 민족은 출애굽기 19-24장에 걸쳐 시내산 "계약"을 맺게 된다. 이 계약의 조건은 다음과 같다.

> 4내가 애굽 사람에게 어떻게 행하였음과 내가 어떻게 독수리 날개로 너희를 업어 내게로 인도하였음을 너희가 보았느니라. 5세계가 다 내게 속하였나니 너희가 내 말을 잘 듣고 내 언약을 지키면 너희는 모든 민족 중에서 내 소유가 되겠고 6너희가 내게 대하여 제사장 나라가 되며 거룩한 백성이 되리라. 너는 이 말을 이스라엘 자손에게 전할지니라(출 19:4-6).

하나님의 백성이 되는 방법에는 조건이 붙는다. 즉 "내 말을 잘 듣고 내 언약을* 지키면" 그가 바로 하나님의 백성이다. 이것은 다시 말해 이스라엘 민족이 애굽 왕의 노예였지만 이제 새로운 왕과 계약을 맺고 새로운 옷을 입었으므로 새로운 "통치" 체계를 따르는 삶을 살아야 한다는 것을 의미한다.

> 3너희는 너희가 거주하던 애굽 땅의 풍속을 따르지 말며 내가 너희를 인도할 가나안 땅의 풍속과 규례도 행하지 말고 4너희는 내 법도를 따르며 내 규례를 지켜 그대로 행하라. 나는 너희의 하나님 여호와이니라(레 18:3-4).

하나님은 이스라엘 민족이 애굽의 통치 체제나 가나안 땅의 통치 체제를 따르지 말아야 할 이유를 다음과 같이 말씀하신다.
"나는 너희의 하나님 여호와다."
즉 이스라엘 민족은 단순히 영적인 구원을 받은 것이 아니라 그들의 "왕"이 바뀌고 "나라"가 바뀐 것이기 때문에 이제는 새로운 통치 체제에 따라 살아야 한다는 것을 말씀하고 계신 것이다.
이 말씀의 의미는 출애굽기 19장의 계약식에 이어 20장에 등장하는, 이스라엘 백성들에게 새로운 왕의 법도를 주는 장면에서 잘 드러난다. 모세를 통해 이스라엘 민족에게 주시는 새로운 왕의 법도의 표제는 다음과 같이 시작한다.

---

* 여기서 언약은 언약의 내용에 있는 규범적 요소들이라고 할 수 있다.

> 나는 너를 애굽 땅, 종 되었던 집에서 인도하여낸 네 하나님 여호와니라
> (출 20:2)

너희의 왕은 애굽의 왕이 아니라 너의 하나님 여호와이니, 이제 나의 법도를 지키라는 뜻이다. 우리는 흔히 구원을 말할 때 영혼의 구원만을 생각하는 경향이 있다. 하지만 구약과 신약이 일관되게 말하는바, 구원은 실질적으로 소속된 나라와 통치자가 바뀌는 것을 의미한다.

노예에서 자유인으로

해외여행을 가면 낯선 환경과 문화에 적응하기까지 어느 정도 시간이 필요하다. 또한 여행을 가기 전, 그 나라의 에티켓과 기본 법규들을 익히고 여행길에 오르는 것은 상식이다. 나 역시 신혼여행지로 뉴질랜드를 선택한 후 나름의 준비를 하고 여행지로 향했다. 당시 여행의 콘셉트가 관광이 아니라 현지인의 삶을 만끽하는 자유 여행이었기 때문에 집과 자동차 렌트 등 여러 가지를 준비했다.

나름대로 많이 준비했다고 생각한 여행이었지만 문제는 "지식"이 아니라 내 안에 있는 "습관"이었다. 자동차 운전석이 오른쪽에 있다는 사전 정보를 지식으로 습득했지만 습관처럼 몸에 배어버린 좌측 운전석과 우측통행은 "정보"나 "지식"으로 해결될 문제가 아니

었다. 마치 운전을 처음 시작하던 "초보 운전" 시절로 돌아간 기분이었다. 특히 방향 지시등과 와이퍼의 위치가 반대편에 있다는 것은 끝까지 적응하기 어려웠다.

게다가 뉴질랜드 사람들처럼 "여유"를 즐기겠다는 당초 계획과는 달리 몸에 배어버린 습관은 우리를 바쁘게 움직이게 했고 아무리 자연스럽게 행동하려고 해도 우리는 그곳에서 "이방인"일 뿐이었다.

모르긴 몰라도 이스라엘 민족 역시 마찬가지였을 것이다. 그들은 약 430년 동안 애굽에서 노예 생활을 했고 어느 날 예상하지 못한 갑작스러운 해방을 맞이했다. 이성적으로는 새로운 나라의 백성이 되었음을 이해하고 새로운 왕을 섬겼을지 모르나 그들에게는 여전히 "애굽"에서의 습관이 뿌리 깊게 남아 있었을 것이다. 때문에 이스라엘은 낯선 환경에 처할 때마다 다시 애굽으로 돌아가고 싶다는 하소연을 하게 된다.

> 거기서 백성이 목이 말라 물을 찾으매 그들이 모세에게 대하여 원망하여 이르되 "당신이 어찌하여 우리를 애굽에서 인도해내어서 우리와 우리 자녀와 우리 가축이 목말라 죽게 하느냐?"(출 17:3)

> 이스라엘 자손이 그들에게 이르되 "우리가 애굽 땅에서 고기 가마 곁에 앉아 있던 때와 떡을 배불리 먹던 때에 여호와의 손에 죽었더라면 좋았을 것

8장 가나안에 꽃피는 하나님 나라

을 너희가 이 광야로 우리를 인도해내어 이 온 회중이 주려 죽게 하는도다"(출 16:3).

비참하기 그지없는 노예 생활이었지만 애굽에서의 생활은 그들에게 물과 양식을 보장해주었을 것이다. 애굽 역시 자신들에게 필요한 노예를 굶어 죽일 생각은 없었을 것이기 때문이다. 그런데 이스라엘 민족이 뼛속 깊이 노예가 된 이유는 따로 있었다. 그들 자신이 "자유"보다 "보장"이나 "안정"을 더 중요하게 여겼기 때문이었다.

토마스 프랭크는 『왜 가난한 사람들은 부자를 위해 투표하는가』에서 다음과 같은 문제를 제기한 바 있다.

> 일반적으로 생각할 때 미국에서 노동자와 가난한 사람들, 사회적 약자와 고통 받는 사람들을 위한 정당은 민주당이다. 그러나 캔자스를 비롯한 낙후된 지역은 자신의 이익과 상관없는 부자들의 정당 공화당을 지지했다. 왜 이런 현상이 발생했는가?*

토마스 프랭크는 그 이유를 정치와 종교 그리고 매체의 힘 등을 통해 설명한다. 나는 이런 현상이 나타나는 이유가 무엇보다 기득권자들이 가난한 자의 감각을 마비시키고 "무지"하게 만드는 데 있

---

* 토마스 프랭크, 『왜 가난한 사람들은 부자를 위해 투표하는가』(갈라파고스, 2012), 9

다고 본다. 감각이 마비된 가난한 사람들은 자신들의 처지를 스스로의 탓으로 돌리고 문제의 원인을 "사회문제"가 아닌 "자신의 출생"에서 찾는다. 가난한 자들이 체감하는 현실 문제가 "인간다움"이 아닌 "생존" 자체인 것도 이 때문이다.

이스라엘 민족 역시 "자유"를 얻었지만 사막에서 그들이 원한 것은 "자유"보다 "생존"이었고 그것은 오랜 세월 동안 애굽에서 노예 생활을 하면서 굳어진 세계관 때문이었다. 뿌리 깊이 박힌 그 세계관은 이스라엘 민족에게 차라리 "노예"가 낫다는 자의식을 갖게 했다. 어쩌면 출애굽 당시의 이스라엘 민족 역시 오늘날 우리와 같이 "자유"와 "인간다움"에 대해 생각해볼 시간과 여유조차 없었을지 모른다. 그들 역시 가장 심각한 고민으로 당장 먹고사는 문제를 꼽았다. 이스라엘 민족의 이런 모습은 오늘날 이 땅에서 살아가는 청년들의 모습과도 오버랩된다. 인간다움을 생각하기엔 턱없이 시간이 부족하고 자유를 꿈꾸기엔 당장의 "생존"이 청년들에게는 더 절박하다. 실제로 "낭만"을 꿈꾸는 청년들은 시간이 남아도는 사람이란 평가를 받는 시대다. 또한 실용적이지 않은 "인문학"을 공부하는 청년들은 "답" 없는 사람이란 혹평을 들어야 하는 시대이기도 하다. 돈을 버는 일과 관련되는 활동이 아니면 "시간 낭비"라고 생각하는 지금의 청년들이나, 인생의 목적이 "생존" 자체에 달려 있었던 이스라엘 민족이나 처지는 별반 다르지 않은 듯 보인다.

인생의 목적은 떡이 아니다

뼛속 깊이 노예근성에 젖어 있던 이스라엘 민족은 "자유"보다 "노예의 삶"을 그리워한다. 이것은 삶의 목적이 생존, 즉 먹고사는 것에 있었기 때문이다. 하나님은 뼛속까지 노예로 전락한 이스라엘 민족을 "자유인"으로 만들기 위해 "사람이 떡으로만 사는 것이 아니요, 여호와의 입에서 나오는 모든 말씀으로 사는 줄을 알게 하려" 하셨다.

하나님은 이스라엘 민족에게 인생의 목적과 삶의 방식을 바꿀 것을 요구하셨다. 이는 인간의 삶의 이유가 "떡"에 있는 것이 아니라 "하나님의 말씀"에 있다는 것을 깨닫게 하기 위해서다. 물론 하나님은 이러한 변화를 즉각적으로 요구하지는 않으셨다. 우리가 다른 나라에서 살기 위해서는 적응 기간이 필요하듯 이스라엘 민족 역시 변화하는 데 시간이 필요했다. 우리는 이제 막 하나님의 통치를 받기 시작한 그리스도인에게 그리스도인다운 삶을 즉각적으로 요구하는 경우가 많다. 하지만 새로운 나라에 적응하기까지는 훈련 시간이 필요하다. 누구나 바울처럼 즉각 변하는 것은 아니다.

하나님은 이스라엘 민족의 삶을, "떡"을 위한 인생에서 "말씀"을 위한 인생으로 변화시키기 위해 "음식"으로 훈련시키셨다.

너를 낮추시며 너를 주리게 하시며 또 너도 알지 못하며 네 조상들도 알지 못하던 만나를 네게 먹이신 것은 사람이 떡으로만 사는 것이 아니요, 여호와의 입에서 나오는 모든 말씀으로 사는 줄을 네가 알게 하려 하심이니라 (신 8:3).

하나님이 음식을 사용해 이스라엘 민족을 훈련시킨 이유는 마지막에 논하기로 하고 먼저 구체적인 훈련 방법에 관해 살펴보자. 하나님은 이스라엘 백성에게 음식을 주는 "방식"을 다음과 같이 정하셨다.

여호와께서 이같이 명령하시기를 "너희 각 사람은 먹을 만큼만 이것을 거둘지니 곧 너희 사람 수효대로 한 사람에 한 오멜씩 거두되 각 사람이 그의 장막에 있는 자들을 위하여 거둘지니라" 하셨느니라(출 16:16).

하나님이 주시는 양식은 한 번에 무한히 거두려 할 것이 아니라 "먹을 만큼만" 거두어야 한다.

…그들에게 말하여 이르기를 "너희가 해 질 때에는 고기를 먹고 아침에는 떡으로 배부르리니 내가 여호와, 너희의 하나님인 줄 알리라"(출 16:12).

하나님은 떡이 인생의 목적인 이스라엘 민족에게 인생의 참된 목적을 알려주신다. 하나님이 이스라엘 백성의 인생의 목적을 바꾸기 위해 "음식"을 사용하신 방식은 다름 아닌 "일용할 양식 구하기"

였다.

그것은 예수도 마찬가지였다. 떡을 목적으로 살아가던 제자들에게 예수는 "오늘 우리에게 일용할 양식을 주시옵고"라는 기도를 알려주셨다. 그리고 "일용할 양식을 구하는 자"와 "염려하면서 "무엇을 먹을까? 무엇을 마실까? 무엇을 입을까?"(마 6:31)를 읊어대는 자를 대조하셨다. 이 비교의 궁극적 목적은 일용할 양식을 구하는 하나님 나라의 백성과 무엇을 먹을지, 마실지, 입을지를 염려하는 이방인 사이에는 삶의 목적에 분명한 차이가 있다는 것을 알게 하는 데 있었다. 그리고 예수는 하나님 나라의 백성이 구해야 할 것에 대해 이렇게 말씀하셨다.

"너희는 먼저 그의 나라와 그의 의를 구하라."

하나님 나라와 하나님의 의를 구하는 것, 이것이야 말로 삶의 궁극적인 목적임을 제자들에게 알려주신 것이다. 하지만 당시나 지금이나 먹고살기 바쁜 세상에서 "떡"을 포기하는 것은 힘든 일이다. 심지어 그것은 신앙의 목적이 되기도 한다. 그러나 하나님이 통치하시는 나라의 백성은 떡보다 중요한 것을 발견할 줄 알아야 한다.

8 곧 헛된 것과 거짓말을 내게서 멀리 하옵시며 나를 가난하게도 마옵시고 부하게도 마옵시고 오직 필요한 양식으로 나를 먹이시옵소서. 9 혹 내가 배불러서 하나님을 모른다, 여호와가 누구냐 할까 하오며, 혹 내가 가난하여 도둑질하고 내 하나님의 이름을 욕되게 할까 두려워함이니이다(잠 30:8-9).

가난에서 탈출하는 방법은 가상화폐나 주식 투기로 대박이 나는 것이 아니라 하나님을 신뢰함으로써 진정한 만족을 얻는 것이다. 예수가 말씀하신 생수를 통한 갈증 해소도 바로 그것을 말한다.

9장

피라미드 사회에
역행하는 하나님 나라

피라미드 사회

이스라엘이 애굽에서 노예 생활을 하면서 목격하고 체험한 사회질서는 철저한 계급과 위계질서로 이루어진 이른바 "피라미드" 질서였다. 피라미드의 가장 밑바닥에서 쉼 없이 일하는 자신들과 최상층에서 삶을 즐기는 애굽 귀족들 간에는 견고한 신분의 사다리가 존재했고 이스라엘 민족은 그들과 자신들을 비교하며 신세를 한탄했을 것이다.

어쩌면 이스라엘은 애굽에서 해방되었을 때 그들이 세우게 될 나라가 애굽과 비슷할 것이라고 기대했을지 모른다. 고대의 애굽은 현대의 미국과 같이 강대국 중의 강대국이었고 애굽의 시민이라는 것 자체가 자랑거리였을 것이다. 성경에는 이러한 추측을 가능하게 하는 대목이 등장한다. 즉 아브라함이 거주하던 땅에 "기근"이 닥치자 그 가족들이 "애굽"을 찾아가 몸을 의탁한 것이다. 다른 지역은 기근에 시달릴망정 애굽은 여유롭고 풍요로웠다.

그런데 아브라함과 동행한 롯이 훗날 애굽을 나올 때 선택한 땅의 이미지가 애굽과 닮아 있는 것이 문제였다. 아마도 롯에게 애굽은 먹고사는 문제를 해결해준 "낙원"으로 비쳤을 것이고 애굽과 유사한 조건일수록 롯에게는 그곳이 이상향이었을 것이다.

이에 롯이 눈을 들어 요단 지역을 바라본즉 소알까지 온 땅에 물이 넉넉하니 여호와께서 소돔과 고모라를 멸하시기 전이었으므로 여호와의 동산 같고 애굽 땅과 같았더라(창 13:10).

성경을 읽을 때 "이스라엘"을 중심에 두는 사람이 많기 때문에 애굽이나 바벨론과 같은 주변국들은 "이방"으로 하찮게 취급되곤 한다. 하지만 역사적으로 봤을 때 이스라엘은 애굽과 바벨론 앞에서 그야말로 "점"에 불과한 나라였다. 게다가 약소국들은 강대국을 닮아가기 마련이므로 이스라엘에 대한 애굽의 영향력은 현대인들이 짐작하는 것보다 훨씬 막강했다.

만일 여러분이 이스라엘의 지도자라면 애굽에서 해방되어 새로운 나라를 세우는 꿈을 꿀 때 세부 계획을 어떻게 디자인하고 어떤 나라를 모델로 삼을 것인지 묻고 싶다. 출애굽 당시 이스라엘 민족은 아주 당연하게 초강대국인 "애굽"을 자신들 나라의 모델로 삼았다. 예전과 다른 점은 단 한 가지, 자신들은 최상층이 되고 그 땅의 원주민들이 피라미드의 하단부에서 자신들을 위해서 일할 것이라고 생각했을 것이다.

이것은 오늘날 우리나라가 경제성장 및 도시계획의 롤모델로 선진국을 선택하지, 아마존 원시 부족을 모델로 삼지 않는 것과 마찬가지다. 보통 인간의 관점에서 이런 생각은 다분히 상식적이다.

하나님 나라의 사회질서

그러나 이스라엘 민족의 왕이자 신이신 하나님이 계획하신 나라는 피라미드적인 사회 경제 구조와는 한참 거리가 먼 것이었다. 그 나라는 계급 질서를 통해 또 다른 애굽을 세우는 것이 아니라 완전히 새로운 사회질서를 백성들에게 제시했다. 다음의 구절들은 하나님이 왕으로 통치하시는 하나님 나라의 건설 계획의 일부다.

① 하나님 나라는 차별 없이 "쉼"의 혜택을 부여한다.

> 일곱째 날은 네 하나님 여호와의 안식일인즉 너나 네 아들이나 네 딸이나 네 남종이나 네 여종이나 네 가축이나 네 문안에 머무는 객이라도 아무 일도 하지 말라(출 20:10).

애굽에서 노예에게 쉼이 있었을까? 쉼은 상류층에게 속한 혜택이었을 것이다. 노예에게는 그 어떤 인권도 존재하지 않았기 때문이다.

② 하나님 나라는 나그네를 노예로 삼는 것이 아니라 대접하는 나라다.

너는 이방 나그네를 압제하지 말며 그들을 학대하지 말라. 너희도 애굽 땅에서 나그네였음이라(출 22:21).

③ 하나님 나라는 노예를 부리는 나라가 아니라 "자유"를 선포하는 나라다.

너희는 오십 년째 해를 거룩하게 하여 그 땅에 있는 모든 주민을 위하여 자유를 공포하라. 이 해는 너희에게 희년이니 너희는 각각 자기의 소유지로 돌아가며 각각 자기의 가족에게로 돌아갈지며(레 25:10).

④ 하나님 나라는 외모로 사람을 취하지 않는다.

너는 재판을 굽게 하지 말며 사람을 외모로 보지 말며 또 뇌물을 받지 말라. 뇌물은 지혜자의 눈을 어둡게 하고 의인의 말을 굽게 하느니라(신 16:19).

⑤ 하나님 나라는 타국인을 차별하지 않는다.

내가 그때에 너희의 재판장들에게 명하여 이르기를 "너희가 너희의 형제 중에서 송사를 들을 때에 쌍방 간에 공정히 판결할 것이며 그들 중에 있는 타국인에게도 그리할 것이라"(신 1:16).

⑥ 하나님 나라는 외모와 실력으로 땅을 부여하지 않는다.

> 여호와께서 모세에게 명령하신 대로 그들의 기업을 제비 뽑아 아홉 지파와 반 지파에게 주었으니(수 14:2).

⑦ 하나님 나라는 회생의 기회가 부여되는 나라다.

> 너와 함께 있는 네 형제가 가난하게 되어 네게 몸이 팔리거든 너는 그를 종으로 부리지 말고(레 25:39).

내가 이 구절들을 나열한 이유는 여기서 다루고 있는 일련의 "특징"을 지닌 "대상"들이 한 사회 안에서 차별당하기 쉬운 조건들을 갖추고 있기 때문이다. 우연히 방문한 연약한 나그네, 외모(육체)가 부족한 사람, 타국인, 여성, 아이들은 사회적 차별을 당할 가능성이 높다. 그럼에도 이들을 배려하고 보호하는 것이야말로 하나님 나라가 추구하는 가치라는 것을 앞의 구절들은 여실히 드러내 준다.

하나님 나라의 사회에 대한 구상과 설계는 애굽의 피라미드식 지배가 아닌 구성원들 상호 간에 아끼고 배려하는 것을 근간으로 한다. 하나님은 "평등"과 "자유"가 살아 있고 서로를 위하는 공동체적 배려가 넘치는 사회를 계획하셨다. 그리고 이러한 "평등"은 하나님이 의도하신 본래의 창조 질서와도 크게 다르지 않다.

특히 안식일이 "여종"에게도 적용되는 점은 감동적이지 않을 수 없다. 고대의 세계관으로 바라본 여성은 인구에도 포함되지 않는 존재였으며 더욱이 "종"은 가장 천한 계급에 속했다. 그럼에도 안식일 법은 여종에게 공평하게 "쉼"을 약속했으며 이는 하나님 나라가 사회의 가장 취약한 계급에게도 "휴식"을 보장하는 나라였다는 사실을 알게 해준다. 또한 일체의 차별이 배제된 평등 정신은 신약 시대의 교회에도 동일하게 적용된다.

> 1내 형제들아, 영광의 주 곧 우리 주 예수 그리스도에 대한 믿음을 너희가 가졌으니 사람을 차별하여 대하지 말라. 2만일 너희 회당에 금가락지를 끼고 아름다운 옷을 입은 사람이 들어오고 또 남루한 옷을 입은 가난한 사람이 들어올 때에 3너희가 아름다운 옷을 입은 자를 눈여겨보고 말하되 "여기 좋은 자리에 앉으소서" 하고 또 가난한 자에게 말하되 "너는 거기 서 있든지 내 발등상 아래에 앉으라" 하면 4너희끼리 서로 차별하며 악한 생각으로 판단하는 자가 되는 것이 아니냐? 5내 사랑하는 형제들아, 들을지어다. 하나님이 세상에서 가난한 자를 택하사 믿음에 부요하게 하시고 또 자기를 사랑하는 자들에게 약속하신 나라를 상속으로 받게 하지 아니하셨느냐?
> (약 2:1-5)

한편, 오늘날 청년들이 살아가는 대한민국의 현실은 지극히 "피라미드적"이다. 보이지 않는 계급 질서와 신분이 청년들을 좌절하게 만들고 있기 때문이다. 더욱이 기가 차는 것은 청년 대다수가 자신의 노력이 부족해서 결과가 좋지 않은 것이라며 자책한다는 사실이다. 청년들은 청춘을 바쳐 열심히 노력한다. 언제가 타석에 설 기회가 주어질 것이라고 굳게 믿는다. 하지만 오랜 기다림 끝에 찾아오는 결과는 "기회 없음"이다. 청년들은 기대와 믿음이 무너져 버린 대한민국 사회를 "수저론"으로 일갈했다.

청년들은 자신의 노력 부족을 탓하며 스스로를 채찍질하지만 이 사회는 처음부터 공정하지 않았다. 그리고 이제 애초부터 자신들에게 기회가 없었음을 청년들은 깨닫게 되었다. 더군다나 그나마 공정하다고 생각했던 대한민국의 "입시 체제"는 권력자 딸의 이대 입학 비리에 의해 완전히 무너져 버렸다. 그녀의 특혜 입학 사건은 단순한 비위가 아닌 청년들에게 절망과 분노를 가져다준 사건이었다.

있어서는 안 되는 사건이 일어난 탓에 청년들은 "될 놈은 된다"라는 말을 입에 달고 산다. 이것은 "운 좋은 놈"이라는 의미도 있지만 "금수저"를 지닌 사람은 결국 잘 되더라 하는 비아냥의 의미가 더 크다.

손써볼 틈도 없이 대한민국의 청년들은 절망에 빠졌다. "희망" 없는 대한민국에서 "신세"를 한탄하기 시작한 것이다. 청년들이 생각했을 때 이것은 극복할 수 없는 절망의 벽이다. 그래서 청년들은 넘을 수 없는 벽 앞에서 "이.생.망"(이번 생은 망했어)을 외친다. 다음 생에는 금수저, 아니 은수저로라도 태어나고 싶다는 신세 한탄이 담긴 말이다.

더 슬픈 것은 많은 청년이 취업과 외모가 매우 밀접한 상관관계를 가진다고 생각한다는 사실이다. 취업을 위해 성형을 하겠다는 청년들을 수차례 상담하며 만나는 동안 나는 어떻게든 현실의 벽을 넘어보려 애쓰는 청년들의 눈물겨운 노력에 가슴 한구석이 아려 왔다.

하지만 안타깝게도 성경은 노력 끝에 복이 온다고 말하지 않는다. 더구나 사람을 외모로 평가하고 신분과 계급 질서가 원인이 되어 생기는 불평등을 가리켜 "불의"하다고 말한다. 이러한 차별이 버젓이 자행되는 것은 하나님 나라를 적대시하는 이방 나라의 특징이다. 그런데 이토록 불의한 나라와 싸우기 위해 이 땅에 겨자씨처럼 심긴 하나님 나라인 교회는 청년들이 겪고 있는 이런 불평등에 어떻게 반응하고 있는가?

"조금 더 노력해봐. 기도해줄게."

흔히 행동하지 않는 믿음은 죽은 믿음이라고 한다. 구부러져 버린 이 세상을 교회가 어떻게 펼 수 있을까를 진지하게 고민해야 할 때다. 불평등과 차별 속에서 힘겨워하는 이 땅의 수많은 젊은이의 절망을 방관만 할 것이 아니라 그들에게 공정한 세상을 만들어줄 수 있도록 함께 노력해야 한다. 교회야말로 하나님 나라를 적대시하며 대한민국을 좀먹고 있는 불평등과 차별 문제를 극복하기 위해 고민하고 행동해야 할 책임을 가지고 있다.

> 이 시대의 피라미드에 역행하는 교회는 주방에서 남녀가 함께 일하는 교회다.

10장

브레이크 없는 세상과
하나님 나라의 제동장치

멈추지 않는 버스

2016년, 대한민국은 마치 브레이크가 고장 난 버스처럼 위태롭고 불안한 상태였다. 생각해보면 몇 년 동안 아무것도 하지 않아도 우울함과 피곤함을 느끼곤 했는데 나는 그 피곤함이 그저 나이를 먹느라 생기는 것이라고 생각했다.

하지만 어느 순간부터 매일 뉴스를 봐도 좋은 소식 한 번 듣지 못하고 살면서 받는 정신적 피로가 육체적 피로보다 크다는 것을 깨달았다. 그리고 이는 비단 나뿐만이 아니라 대한민국 국민으로 살아가는 사람 대다수가 겪는 피로감이었다.

너무나 많은 사람이 희망도 없고 꿈도 없는 대한민국을 "헬조선"이라 부르기에 이르렀다. 사회 곳곳에서는 각종 혐오와 폭력이 난무하고 일어나서는 안 되는 일들이 연이어 벌어지고 있다.

이중 개인적으로 절절이 체감한 바는 결혼과 관련한 피로감이었다. 2016년에 결혼을 준비하면서 나는 아무리 둘러봐도 많고 많은 아파트 중 내 집은 없다는 사실에 상대적 박탈감을 느꼈다. 이런 나라에서 살 바에는 이민을 가는 것이 낫겠다는 농담도 밥 먹듯이 했다. "이게 나라냐?"라는 말이 습관처럼 튀어나오던 시절이었다.

누구도 상상조차 하지 못할 만큼 충격적이고 비상식적인 세월호 참사 뉴스를 접했을 때, 처음에는 분노와 함께 그저 "이상하다"는 느낌을 받는 정도였다. 하지만 시간이 흐를수록 비상식적인 뉴

10장 브레이크 없는 세상과 하나님 나라의 제동장치

스가 터져 나왔고 "이상한" 일들이 우리의 일상을 덮쳐버렸다. 한 나라의 국민으로서 보호받지 못한다는 불안감과 미래에 대한 염려가 대한민국의 젊은이들을 엄습했고 결국 대한민국의 밥솥은 끓다 못해 터지고 말았다.

나는 정말 결혼을 포기하고 출산을 포기하는 이 시대 청년들의 마음에 공감한다. 종교인인 나조차도 신을 의지하고만 있기에는 너무 큰 불안감이 삶을 위협한다. 그야말로 우리는 브레이크가 고장 난 대한민국이란 버스에서 "사고"가 나기만을 무기력하게 기다리고 있는 모양새다. 이 나라에서 버티고 견디면 더 나은 미래가 올 것이라며 희망을 갖는 것이 아니라 시간이 흐르면 흐를수록 더 큰 빚과 빈곤이 기다린다는 가혹한 현실은 우리에게서 꿈을 빼앗고 우리를 무기력하게 만들어버린다.

그런데 하나님이 통치하고자 의도하신 이스라엘은 달랐을까? 결론부터 말하자면 그 나라 역시 사회문제와 빈곤을 완전히 막지는 못했다. 물론 하나님은 여러 가지 제도를 통해 공정한 분배가 이루어지게 의도하셨지만 현실적으로 그런 제도가 인간 사회의 불의한 현상을 완전히 막지는 못했다.

이스라엘 백성이 가나안에 입성했을 때 하나님은 지파들의 특성이나 공로에 따라 땅을 분배한 것이 아니라 제비를 뽑아 공정하게 나누어 주셨다(민 26:52-56). 처음에는 공정한 분배가 이루어졌지만 시간이 지나면서 환경적인 영향으로 "균등"은 깨질 수밖에 없었다. 고대사회에서 전쟁에 참가한 남성이 사망하는 일은 비일비재했고 그것은 육체적 차이에 따른 생산력 격차를 야기했다. 또한 이 간극은 시간이 지나면서 더욱 커져 결국 부의 불균형이라는 결과를 초래했다. 이스라엘 역시 이런 흐름에서 벗어날 수 없었고 그에 따른 양극화 현상을 완전히 막지도 못했다. 인간의 한계와 현실에 솔직한 성경은 이런 양극화 현상이 필연적이라고까지 말한다.

> 땅에는 언제든지 가난한 자가 그치지 아니하겠으므로 내가 네게 명령하여 이르노니 너는 반드시 네 땅 안에 네 형제 중 곤란한 자와 궁핍한 자에게 네 손을 펼지니라(신 15:11).

이스라엘은 가난과 양극화라는 필연적인 한계에 직면할 수밖에 없었고 이는 이스라엘을 포함해 유한한 자원을 공유하며 살아가는 인간 세상 전체에 해당되는 한계이기도 하다. 오늘날의 대한민국이 그렇듯이 이스라엘도 한번 기울어진 저울을 제자리로 돌려놓기란 여간 어려운 일이 아니었다.

하지만 그때나 지금이나 인간은 어쩔 수 없는 필연적 현상에 맞닥뜨려 그것을 인정하고 받아들일지 아니면 투쟁하고 바꿔나갈지를 고민한다. 그리고 성경은 이에 대해 명쾌한 답변을 내놓는다. 비록 어쩔 수 없는 상황이라고 해도 저항하라고 말이다.

7네 하나님 여호와께서 네게 주신 땅 어느 성읍에서든지 가난한 형제가 너와 함께 거주하거든 그 가난한 형제에게 네 마음을 완악하게 하지 말며 네 손을 움켜쥐지 말고 8반드시 네 손을 그에게 펴서 그에게 필요한 대로 쓸 것을 넉넉히 꾸어주라.… 10너는 반드시 그에게 줄 것이요, 줄 때에는 아끼는 마음을 품지 말 것이니라. 이로 말미암아 네 하나님 여호와께서 네가 하는 모든 일과 네 손이 닿는 모든 일에 네게 복을 주시리라(신 15:7-10).

역설적으로 들리겠지만 양극화 현상에 저항하는 일은 우리에게 "복"이 된다. 즉 이것은 "복"이 걸린 일인 것이다. 가난이 가져오는 온갖 문제와 씨름하고 싸우는 것은 우리에게 선택의 문제가 아니라 하나님 나라 백성으로서 필연적인 사명이다. 우리는 적극적으로 이웃의 가난을 함께 고민하고 청년들의 대출 문제를 의논하며 가진 것을 나누어야 한다. 더 나아가 지구촌 빈곤 문제를 위해 함께 머리를 맞대야 한다. 복을 받고 싶은가? 그렇다면 가난 문제를 해결하기 위해 싸우기 바란다.

이처럼 하나님이 통치하시는 나라는 개인주의보다는 공동체성을 강조한다. 더불어 사는 삶, 이것이 하나님 나라의 기초다. 문제는 개인의 "마음"만으로 양극화를 막고 사회를 변화시키기에는 어려움이 많다는 것이다. 아무리 착한 사람이 많이 살아도 시간이 지나면서 붕괴되는 양심과 공동체적 마인드를 지켜내기란 여간 어려운 일이 아니다. 게다가 여기서 인간의 "자발성"을 지속적으로 기대하는 것은 어리석은 일이다.

하나님이 통치하시는 나라에서는 이처럼 개인의 윤리에 기대어 극복할 수 없는 양극화 문제에 대한 해법을 "법"으로 제정해 이스라엘이 애굽화하는 것을 막았다. 그 제도가 바로 "희년"이다. 희년 법은 브레이크가 고장 난 버스를 세울 수 있는 "마지막 보루"라고 할 수 있다.

> 8너는 일곱 안식년을 계수할지니 이는 칠 년이 일곱 번인즉 안식년 일곱 번 동안 곧 사십구 년이라. 9일곱째 달 열흘날은 속죄일이니 너는 뿔나팔 소리를 내되 전국에서 뿔나팔을 크게 불지며 10너희는 오십 년째 해를 거룩하게 하여 그 땅에 있는 모든 주민을 위하여 자유를 공포하라. 이 해는 너희에게 희년이니 너희는 각각 자기의 소유지로 돌아가며 각각 자기의 가족에게로 돌아갈지며 11그 오십 년째 해는 너희의 희년이니 너희는 파종하지 말며 스스로 난 것을 거두지 말며 가꾸지 아니한 포도를 거두지 말라. 12이는 희년이니 너희에게 거룩함이니라. 너희는 밭의 소출을 먹으리라(레 25:8-12).

희년이 되면 이스라엘은 노예를 해방하고 빚을 탕감해주어야 했다. 49년인지 50년인지 정확하지는 않지만 반세기가 되면 양극화를 해결하기 위해 사회적으로 강제 분배를 시행해야 했다. 희년은 일종의 리셋 버튼인 셈이다. 이런 제도가 자본주의 시대를 살아가는 우리에게는 "불합리"하게 보일 수 있지만 개인보다 공동체를 중시하는 하나님 나라에서는 이것이 상식적이고 합리적이다. 그 이유는 하나님 나라의 가장 큰 원칙으로서 토지의 궁극적 소유자가 하나님이시기 때문이다. 다시 말해 이스라엘 민족이 가진 것을 공동체를 위해 강제 분배하는 법이 가능할 수 있는 것은 토지의 주인이 하나님이며 이스라엘 민족은 소작농에 불과하다는 공통된 인식이 형성되어 있기 때문이다. 주인이 원하면 그것을 돌려주는 것이 정당하지 않을 이유는 없다.

하지만 이런 대 분배의 날은 이스라엘 역사에서 한 번도 제대로 시행되지 않았다. 이스라엘 민족은 공동체보다 개인을 선택했고 하나님보다 자본을 선택했기 때문이다. 이는 더 빨리 가겠다는 욕심에 안전 운행을 목표로 하는 버스 기사를 자리에서 쫓아낸 셈이다.

어쩌면 예수는 브레이크가 고장 난 버스를 멈추기 위해 이 땅에 오셨다고 볼 수 있다. 하나님은 아담과 하와의 타락에서 바벨탑 사건에 이르기까지 브레이크가 고장 난 듯이 질주하는 버스를 멈추기 위해 아브라함을 부르셨다(창 18:19). 마찬가지로 바벨론 포로기와 귀환을 거쳐 브레이크 없이 스올로 향하는 이스라엘을 멈추기 위해 예수를 이 땅에 보내셨다. 이런 관점에서 예수의 이사야서 인용은 의미심장하다.

18"주의 성령이 내게 임하셨으니 이는 가난한 자에게 복음을 전하게 하시려고 내게 기름을 부으시고 나를 보내사 포로 된 자에게 자유를, 눈 먼 자에게

다시 보게 함을 전파하며 눌린 자를 자유롭게 하고 19주의 은혜의 해를 전파하게 하려 하심이라" 하였더라(눅 4:18-19).

예수는 제동장치 없이 돌진하는 세상에 "은혜의 해"를 선포하신다. 또한 예수는 온몸으로 가난과 차별에 저항했으며 "자유"를 선포하셨다. 그러고는 십자가로 세상의 악을 저지하면서 멈춰 세우셨다. 이제 예수는 새로운 하나님 나라의 백성 공동체에게 십자가를 지게 하셨으므로 우리는 브레이크가 고장 난 욕망의 세상에서 하나님 나라의 제동장치인 "희년"의 삶과 사회를 만들어가야 한다.

하나님 나라와 헬조선

많은 사람이 언제부터인가 대한민국을 "헬조선"이라고 부르기 시작했다. 지옥(hell)과 대한민국의 합성어인 헬조선은 지옥 같은 한국을 뜻한다. 대한민국이 언제부터 정의와 공의라고는 찾아볼 수 없는 지옥 같은 나라가 되었을까? 왜 사람들은 대한민국을 지옥으로 인식하기 시작했을까?

오늘날 젊은 세대는 자신들을 "포기 세대"라고 부른다. 이 용어가 처음 등장했을 때 유행한 것이 바로 "3포 세대"였다. 3포 세대는 연애, 결혼, 출산을 포기한 세대를 말한다. 그리고 뒤이어 등장한 5포 세대는 연애, 결혼, 출산에 인간관계와 집까지 포기한 세대를 말한다. 그리고 가장 최근에는 자신들을 N포 세대로 부르는 세대가 등장했다. N포 세대는 모든 것을 포기한 세대다. 청년들은 이런 포기는 자의적인 것이 아니며 아무리 "노오오력"해도 성공할 수 없고 흙수저가 금수저가 될 수 없기 때문이라고 말한다. 이런 헬조선 안에서 이른바 "포기 세대"는 자신의 삶을 비관하며 신조어를 만들었다. "이.생.망(이번 생은 망했어)!"

자신의 삶을 비관하며 자살하는 청년들이 늘어나고 있다. 실제로 20-30대 사망 원인 1위가 자살이다. 청년뿐만 아니라 대한민국의 자살률은 OECD 국가 평균의 두 배를 넘는다. 지난 20년 간 우리나라 자살자 수는 어지간한 중·소도시 인구보다 많은 22만 2,578명에 달했다. EU의 공식 통계 기구인 유로스타트(Eurostat) 자료에 따르면 한국의 자살률은 유럽연합(EU) 전체 평균의 2.6배에 달한다(2014년 기준). 사실 자살 문제는 개인의 문제라기보다는 희망을 주지 못하는 사회의 구조적인 문제로서 사회적 타살 문제에 가깝다고 보아야 한다.

그도 그럴 것이 대한민국의 대기업에 대한 중소기업의 임금 비율은 1993년에 77.6%였던 것이 2016년에는 61.5%로 나타났다(고용노동부). 청년들이 선호하는 직종은 대기업, 공무원, 공공기관 순으로 나타났으며 이는 대다수 청년이 많은 연봉 또는 안정이라는 선택지 안에서 미래를 결정한다는 것을 보여준다. 2016년 9급 공무원 경쟁률은 46.5:1로서 서울대, 고려대, 연세대를 상징하는

S.K.Y의 입시 경쟁률과 엇비슷하게 나타났다.

또한 "미래한국 리포트"와 SBS에서 실시한 설문 조사에 의하면 교육과 입시 그리고 구직, 경력 분야에서 공평하게 기회가 주어진 다고 생각하는 청년의 비율은 "교육과 입시"에서 25%, "구직과 경력"에서 14.9%로 나타났다. 이런 결과는 많은 청년이 개천에서 용이 나는 시대는 끝났다고 생각하고 있다는 것을 의미한다.

이런 청년들의 아픔에 대한 기성세대의 반응은 여러 가지로 나뉜다. 하지만 대부분 "말만 하고 노력하지 않는다", "진짜 어려워보지 못해서 그렇다", "고생을 덜 했다" 등의 반응을 보인다. 청년들의 아픔을 공감하지 못하고 있는 것이다. 실제로 적지 않은 청년은, 자신들이 살던 시대보다 이렇게 좋아졌는데 왜 그렇게 불만이 많은 것이냐는 식의 기성세대의 반응에 큰 상처를 받는다고 말했다.

청년 세대가 말하는 2017년의 트렌드 키워드는 YOLO(You Only Live Once)였다. 이는 한 번뿐인 인생에서 현재 자신의 행복을 중시하자는 개념이다. 실제로 많은 청년이 이 말을 사용했다. 그런데 YOLO를 외치는 청년들과 대화를 하다 보면 미래보다는 현재 자신의 행복을 더 중시한다는 의미라기보다 미래에 대한 절망에 시달린 나머지 "에라 모르겠다"는 자포자기의 표현으로 쓰는 듯했다. 어쩌면 한국에서 YOLO는 절망의 끝에서 외치는 마지막 탈출구인지도 모른다.

과거 방영된 CF에 등장한 "열심히 일한 당신, 떠나라"라는 광고 문구를 따라 열심히 일했지만 결국 마주친 것은 "희망"이 아니라 "절망"이었기 때문에 그냥 "떠나자"를 외치고 있는 것은 아닐까 생각된다. 여기서 진짜 문제는 "절망"의 끝에 선 청년들에게 교회는 "희망"이 되고 있는가다. 교회는 청년들에게 오랜 시간 "절망"뿐인 현실 속에서 "하늘에 소망"을 두라고 말할 뿐 "절망"의 시대를 변혁하고자 하는 노력은 없었다.

토지는 하나님의 것

집권 여당의 대표인 추미애 의원은 국회 연설에서 헨리 조지(Henry George, 1839-1897)를 인용하며 다음과 같이 말했다.

> 지금 한국 경제는 "지대 추구의 덫"에 걸려 있습니다. 19세기의 헨리 조지는 생산력이 아무리 높아져도 지대가 함께 높아진다면 임금과 이자는 상승할 수 없다, 즉 노동과 자본의 대가인 임금과 이자는 지대가 제로인 상태를 가정한 것에 불과하며, 총생산량에서 지대를 지불하면 임금과 이자는 그만큼 줄어든다고 보았습니다.

추 대표가 말한 대로 대한민국은 부동산 지대로 얻는 토지 불로소득이 연간 300조 원(GDP 30% 이상)에 이르고 있다. 또한 그 소득의 대부분을 부동산 투자에 몰두하거나 대기업을 중심으로 한 10%

의 사람들이 차지하고 있다. 우리나라의 대기업들은 재생산을 위한 투자보다 부동산 투기에 치중하고 있으며 소시민들도 빚을 내서까지 아파트를 사려 한다. 부동산이 아니면 큰돈을 벌기 어렵다는 것이 대한민국의 현실인 것이다. 추 대표는 이에 대해 "'고삐 풀린 지대'를 그대로 두고서는 새로운 대한민국의 성장 동력을 마련하기 어렵다"고 말한다.

추 대표가 인용한 헨리 조지는 19세기 미국의 경제학자다. 헨리 조지는 18세기 산업혁명 이후, 미국의 경제는 발전했지만 사회가 앓고 있는 빈곤의 문제와 양극화 현상은 더욱 심해졌다는 점에 주목했다. 진보와 빈곤의 역설적인 문제에 관한 문제 제기와 해결책을 내놓은 책이 그의 대표 저서 『진보와 빈곤』(비봉출판사, 2016)이다.

그는 사회 구성원 중 일부가 토지를 독점해 얻는 불로소득 때문에 양극화와 불평등이 촉발됐다고 주장한다. 따라서 이런 문제를 해결하기 위해 토지를 천부자원으로, 거저 주어진 것으로 간주해 사회 구성원이 똑같은 권리를 누리게 하자는 평등지권을 주장한다. 대한민국 역시 그가 제기한 분배의 문제와 기회의 공정, 그리고 지대 추구의 문제를 극복하지 못하면 양극화 문제는 더욱 심각해질 것이다.

대한민국 정부는 이런 사회 갈등과 문제를 해결하기 위해 많은 노력을 하고 있다. 하지만 그에 반해 기독교의 반응은 그다지 뜨겁지 않다. 교회는 양극화로 인한 불평등 문제와 지대 추구 사회의 문제점을 "세상일"로 치부하고 외면하는 경우가 많다. 취업과 결혼을 가로막는 청년들의 대출 문제는 사회문제일 뿐 교회 문제는 아니라고 인식한다. 실제로 그런 문제를 안고 있는 청년들 역시 교회와 소통하지 않으려 한다. 그 이유는 그런 문제는 교회에서 말해서는 안 된다는 인식 때문이다. 많은 청년이 사회에서 누군가 10의 이익을 얻으면 다른 누군가는 10을 손해 봐야 하는 제로섬 싸움이 정의롭다고 생각한다. 그리고 제로섬에서 10을 얻지 못한 사람은 자신을 탓하고 좌절한다.

그렇다면 성경은 사회의 양극화로 인한 불평등과 부의 분배, 지대 추구의 삶에 대해 침묵하는가? 내 생각에는 전혀 그렇지 않다. 그렇지 않은 정도가 아니라 반대로 깊은 관심을 보인다.

우리는 흔히 하나님이 통치하시는 나라는 빈곤이 없는 "유토피아"라고 생각하는 경우가 많다. 하지만 하나님은 당신이 통치하시는 나라에도 "빈곤"의 문제가 있을 것이라고 말씀하셨다.

> 땅에는 언제든지 가난한 자가 그치지 아니하겠으므로…(신 15:11).

물론 이런 빈곤의 문제는 하나님이 발생시키는 것이 아니라 사람으로 인해 발생한다.

4네가 만일 네 하나님 여호와의 말씀만 듣고 내가 오늘 네게 내리는 그 명령을 다 지켜 행하면 5네 하나님 여호와께서 네게 기업으로 주신 땅에서 네가 반드시 복을 받으리니 너희 중에 가난한 자가 없으리라(신 15:4-5).

성경은 빈곤의 문제가 없는 나라에 대해 "그 명령을 다 지켜 행하면"이라는 조건을 제시한다. 하나님이 통치하시는 나라의 양극화 및 빈곤의 문제는 사람의 순종에 달려 있다. 실제로 성경은 양극화와 빈곤의 문제를 해결하기 위해 개인의 경제 생활을 단속하고 분배와 관련된 사회법을 제정하도록 명령한다.

하나님이 통치하시는 나라의 빈곤 문제를 해결하기 위해 첫 번째로 강조되는 것은 개인의 "나눔" 정신이다.

7네 하나님 여호와께서 네게 주신 땅 어느 성읍에서든지 가난한 형제가 너와 함께 거주하거든 그 가난한 형제에게 네 마음을 완악하게 하지 말며 네 손을 움켜쥐지 말고 8반드시 네 손을 그에게 펴서 그에게 필요한 대로 쓸 것을 넉넉히 꾸어주라. 9삼가 너는 마음에 악한 생각을 품지 말라. 곧 이르기를 "일곱째 해 면제년이 가까이 왔다" 하고 네 궁핍한 형제를 악한 눈으로 바라보며 아무것도 주지 아니하면 그가 너를 여호와께 호소하리니 그것이 네게 죄가 되리라. 10너는 반드시 그에게 줄 것이요, 줄 때에는 아끼는 마음을 품지 말 것이니라. 이로 말미암아 네 하나님 여호와께서 네가 하는 모든 일과 네 손이 닿는 모든 일에 네게 복을 주시리라. 11땅에는 언제든지 가난

10장 브레이크 없는 세상과 하나님 나라의 제동장치

한 자가 그치지 아니하겠으므로 내가 네게 명령하여 이르노니 너는 반드시 네 땅 안에 네 형제 중 곤란한 자와 궁핍한 자에게 네 손을 펼지니라(신 15:7-11).

너희 땅의 곡물을 벨 때에 밭 모퉁이까지 다 베지 말며 떨어진 것을 줍지 말고 그것을 가난한 자와 거류민을 위하여 남겨두라. 나는 너희의 하나님 여호와이니라(레 23:22).

하나님의 백성들이 가져야 할 빈곤에 대한 기본 정신은 개인 분배를 통해 이웃의 가난을 해결하는 것이다. 이는 선택 사항이 아니라 하나님이 통치하시는 나라의 백성이 가져야 할 필수 덕목이다.

두 번째 해결 방법은 사회법을 통해 강제 분배를 시행하는 것이다.

3너는 육 년 동안 그 밭에 파종하며 육 년 동안 그 포도원을 가꾸어 그 소출을 거둘 것이나 4일곱째 해에는 그 땅이 쉬어 안식하게 할지니 여호와께 대한 안식이라. 너는 그 밭에 파종하거나 포도원을 가꾸지 말며 5네가 거둔 후에 자라난 것을 거두지 말고 가꾸지 아니한 포도나무가 맺은 열매를 거두지 말라. 이는 땅의 안식년임이니라(레 25:3-5).

안식일이 사람이 쉬는 날이라면 안식년은 땅이 쉬는 시간이다. 단순히 땅을 쉬게만 하는 것이 아니라 노동도 금지되기 때문에 수확 역시 금지된다. 이 명령의 이유는 다음과 같다.

> 6안식년의 소출은 너희가 먹을 것이니 너와 네 남종과 네 여종과 네 품꾼과 너와 함께 거류하는 자들과 7네 가축과 네 땅에 있는 들짐승들이 다 그 소출로 먹을 것을 삼을지니라(레 25:6-7).

땅을 쉬게 해서 자란 수확물은 주인의 것이 아니다. 수확물이 적을 수 있겠지만 노동하지 않고 자라난 것은 온전히 하나님이 기르신 작물이다. 따라서 이 작물은 주인 입장에서는 불로소득이다. 하나님은 당시 사회적 약자인 남종, 여종, 품꾼, 나그네를 위해 안식년의 수확물을 나누게 하셨다. 심지어 "들짐승"에까지 관심을 두신다는 점에서 놀랍기만 하다.

그뿐 아니라 성경에 나오는 특정한 조세 제도 역시 "분배"에 관심을 두고 내려진 명령이라는 것을 알 수 있다.

> 28매 삼 년 끝에 그해 소산의 십분의 일을 다 내어 네 성읍에 저축하여 29 너희 중에 분깃이나 기업이 없는 레위인과 네 성중에 거류하는 객과 및 고아와 과부들이 와서 먹고 배부르게 하라. 그리하면 네 하나님 여호와께서 네 손으로 하는 범사에 네게 복을 주시리라(신 14:28-29).

10장 브레이크 없는 세상과 하나님 나라의 제동장치

이 제도의 분배 대상은 레위인, 객, 고아, 과부다. 이들은 사회에서 "노동"이 어려운 사회적 약자다. 하나님은 이들을 위해 개인 소산의 십분의 일을 3년에 한 번씩 거두어 사용하도록 하셨다. 이런 분배 법칙의 기본 원리는 앞서 안식년의 불로소득에 손대지 못하는 것과 같다. 그 십분의 일은 하나님의 것이기 때문이다.

> 그리고 그 땅의 십분의 일 곧 그 땅의 곡식이나 나무의 열매는 그 십분의 일은 여호와의 것이니 여호와의 성물이라(레 27:30).

그런데 문제는 앞서 말한 것처럼 "그 명령을 다 지켜 행하면… 너희 중에 가난한 자가 없으리라"(신 15:4-5)는 것이다. 사람이 자신의 것을 나누라는 명령을 지켜 행하는 것이 얼마나 어려운가? 하나님이 통치하시는 나라는 분배를 통한 균등을 지향하지만 죄성으로 인한 인간의 욕망은 분배보다 착취를 선택한다.

실제로 현재 지구촌에서 수확되는 곡물은 전 세계 사람이 먹고도 남는 양이지만 우리 주위만 봐도 굶주리는 사람이 넘쳐난다. 타락한 인간의 욕망은 "나만 아니면 돼"라는 생각을 갖게 하기 때문이다. 따라서 빈곤이 없는 균등한 세상은 사람이 사람다워져야 가능한 일이다. 다시 말해 사람이 세상 나라를 욕망하는 것이 아니라 하나님 나라를 욕망해야 가능하다는 것이다.

희년과 하나님 나라

마지막으로 하나님 나라에서 양극화 현상을 막기 위한 가장 급진적 제도는 안식년 중 대안식년 격인 "희년" 제도다.

> 8너는 일곱 안식년을 계수할지니 이는 칠 년이 일곱 번인즉 안식년 일곱 번 동안 곧 사십구 년이라. 9일곱째 달 열흘날은 속죄일이니 너는 뿔나팔 소리를 내되 전국에서 뿔나팔을 크게 불지며 10너희는 오십 년째 해를 거룩하게 하여 그 땅에 있는 모든 주민을 위하여 자유를 공포하라. 이 해는 너희에게 희년이니 너희는 각각 자기의 소유지로 돌아가며 각각 자기의 가족에게로 돌아갈지며 11그 오십 년째 해는 너희의 희년이니 너희는 파종하지 말며 스스로 난 것을 거두지 말며 가꾸지 아니한 포도를 거두지 말라. 12이는 희년이니 너희에게 거룩함이니라. 너희는 밭의 소출을 먹으리라(레 25:8-12).

희년은 불평등과 양극화를 막기 위한 마지막 제동장치라고 볼 수 있다. 희년 제도의 핵심 규칙은 빚의 탕감과 노예 해방, 땅의 회복이다. 희년은 물리적으로 실패한 사람을 다시 일어설 수 있게 하는 제도다. 7년이 7번 지난 49년 또는 50년째인 희년의 해에 "자유"를 선포함으로써 하나님 나라는 처음 자리로 돌아가게 된다. 다시 말해 모두 같은 출발선에서 시작했던 그날로 돌아가는 것이다. 만일 이런 제도가 우리에게 제시된다면 순종할 수 있을까? 아마도 매우 어려울 것이다. 그리고 오히려 그런 제도는 불평등하다고 생각할지도 모른다. 내가 열심히 일한 돈으로 세금을 내는 것도 불평등하다고 생각하는 시대에 이런 제도가 쉽게 이행될 리 만무하다.

그렇다면 이스라엘 백성이라고 오늘날의 대한민국 국민과 달랐을까? 아마도 이스라엘 백성 역시 같은 불만을 가졌을 것이다. 내가 열심히 일한 대가로 모은 재산을 다시 나눠야 할 이유가 없다고 생각하기 때문이다. 하지만 하나님은 매우 간단한 이유로, 이런 제도에 대해 불만을 가져서는 안 된다고 말씀하신다.

> 토지를 영구히 팔지 말 것은 토지는 다 내 것임이니라. 너희는 거류민이요, 동거하는 자로서 나와 함께 있느니라(레 25:23).

토지의 주인은 본래 하나님이시다. 하나님 나라의 백성인 이스라엘은 하나님께 토지를 빌려 사용하는 소작농에 불과하다. 토지를 사고파는 것은 토지 주인의 권한이지 소작농의 권한이 아니다. 토지를 빌려 쓰는 소작농에게 희년 제도는 아주 적은 세금에 불과하다. 다시 말해 이스라엘은 가나안 땅에 정착할 권리를 부여받았지만 그 주인은 하나님이시다. 이스라엘이 땅의 주인에게 적당한 세금을 내지 않는다면 가나안의 아모리 족속처럼 쫓겨나게 될 것이다.

하나님은 자신이 통치하는 나라에서 정의와 공의가 시행되기를 원하셨다. 하나님이 통치하시는 나라는 계급과 신분에 차별이 있는 나라가 아니라 구성원 모두가 평등한 나라이며, 가난하게 태어났다고 기회가 박탈되는 것이 아니라 모두에게 균등한 기회가 주어지는 나라다. 또한 사회적 약자를 위해 적절한 사회법이 제정되고 지켜지는, 더불어 함께 살아가는 세상이 하나님이 통치하시는 나라다.

하지만 이스라엘 민족은 하나님 나라의 중요한 가치인 분배를 통한 균등의 원칙을 수행하지 못했다. 또한 실패한 자들이 다시 기회를 얻거나 회생하기 어려운 사회가 되어버렸다. 다음 성구들은 이스라엘 포로기 직전의 사회상을 단적으로 보여준다.

> 가옥에 가옥을 이으며 전토에 전토를 더하여 빈틈이 없도록 하고 이 땅 가운데에서 홀로 거주하려 하는 자들은 화 있을진저!(사 5:8)

> 너희가 힘없는 자를 밟고 그에게서 밀의 부당한 세를 거두었은즉 너희가 비록 다듬은 돌로 집을 건축하였으나 거기 거주하지 못할 것이요, 아름다운 포도원을 가꾸었으나 그 포도주를 마시지 못하리라(암 5:11).

> 불의로 그 집을 세우며 부정하게 그 다락방을 지으며 자기의 이웃을 고용하고 그의 품삯을 주지 아니하는 자에게 화 있을진저!(렘 22:13)

이런 말씀들은 사회적 약자를 위한 분배는커녕 과도한 세를 거두어 괴롭히는 이스라엘의 사회상을 그대로 드러내준다. 또한 이스라엘 사람들이 자신의 잉여 자원을 "부동산"에 투자했다는 것을 알려준다. 지대 추구의 세태, 나만 아니면 된다는 식의 개인주의, 그리고 임금 착취, 임금 체불의 모습은 지금의 대한민국과 별반 다르지 않다. 이런 사회상으로 미루어보면 포로기 전 이스라엘은 하나님이 통치하시는 나라라고 볼 수 있는 근거가 전혀 없었다. 지옥은 멀리 있는 것이 아니다. 하나님의 통치가 없는 그곳이 바로 지옥이다.

앞서 나열된 사회상이 지옥이라면 이런 사회상이 실제로 펼쳐지고 있는 지금의 대한민국을 무엇이라고 할 수 있을까? 오늘날 "헬조선"이라는 신조어가 회자하는 것은 우연이 아닐지도 모른다.

점차 이스라엘에는 하나님의 통치가 사라지고 그저 "하나님"이라는 이름만 남게 되었다. 이에 예수는 이름만 남은 유명무실한 종교적 행태를 비판하셨다.

> 나더러 "주여, 주여!" 하는 자마다 다 천국에 들어갈 것이 아니요, 다만 하늘에 계신 내 아버지의 뜻대로 행하는 자라야 들어가리라(마 7:21).

성경에서 말하는 하나님 나라, 즉 하나님이 통치하시는 나라는 "종교"가 아니다. 따라서 하나님 나라 운동은 종교 운동이 아니다.

하나님 나라는 주일에 예배를 드리며 하나님만 부르면 성립하는 것이 아니다. 하나님 나라는 사회, 정치, 경제, 문화를 포함하는

"나라" 그 자체이며 우리의 일상 그 자체여야 한다. 또한 불평등한 세상에 평등을 이루고 전쟁과 탐욕이 가득한 세상에 평화를 만드는 것이 하나님 나라의 진정한 역할이다.

성경이 말하는, 하나님이 통치하시는 나라를 꿈꾼다면 교회는 마땅히 세상의 불평등에 침묵하지 말아야 한다. 또한 하나님 나라의 조건들을 갖추기 위해 행동해야 한다. 예컨대 흙수저의 삶을 사는 청년들에게도 기회가 균등하게 주어지는 사회를 함께 만들어가기 위해 힘써야 하는 것이다.

그뿐 아니라 교회는 제동장치 없이 악의 종착지를 향해 달리는 버스를 "희년"을 통해 멈추게 해야 한다. 땅의 주인은 하나님이시다. 소수가 독점한 땅에서 발생하는 불로소득은 사회 공동을 위해 사용되어야 마땅하다. 이것이 교회가 해야 할 하나님 나라 운동의 일환이다.

> 하나님 나라는 주일에 예배를 드리며 하나님만 부르면 성립하는 것이 아니다. 하나님 나라는 사회, 정치, 경제, 문화를 포함하는 "나라" 그 자체이며 우리의 일상 그 자체여야 한다.

11장

하나님 나라와 자본

피할 수 없는 자본주의

현재 우리는 자본주의라는 거대한 시스템 속에서 살아가고 있다. 자본주의 시스템은 경쟁심과 불안이라는 인간의 심리를 이용해 작동한다. 사회는 청년들에게 자본주의 사회에서 살아남는 방법을 제안한다. 청년들은 자본주의 사회에서 낙오되지 않기 위해서 끝없는 경쟁에 뛰어든다. 자본주의라는 지독한 시스템에 지친 청년들이 저항하려고 하면 어느새 교묘하게 또 다른 "승리"의 방법이 제안된다. 그리고 우리는 그것을 "대세"라고 말한다. 마치 다른 유행이 찾아온 것처럼 우리는 그 방법을 수용하기 위해 쫓아간다.

대한민국은 "열풍"에 열광하는 사회다. 급변하는 세상을 쫓기 위해 청년들은 부단히 노력한다. 잠시라도 방심하면 치열한 경쟁에서 낙오되어 영원한 "취.준.생"이 되어버릴 수 있기 때문이다.

우리가 살아가는 사회는 자본 없이는 살 수 없는 자본주의 사회다. 자본주의 사회에서 가장 중요한 것은 자본이다. 자본을 얼마나 소유하느냐에 따라 사람의 등급을 매기고 그것을 행복의 척도로 삼는다. 물론 교회도 자본 없이는 운영할 수 없다. 교회 운영에서 가장 중요한 요소가 헌금이라고 말할 정도로 교회도 자본에서 자유롭지 못하다.

때로는 자본에서 완전히 해방된 교회를 주장하는 이도 나타나지만 자본주의 사회에서 살아가면서 자본에서 완전히 독립된 공동체를 만드는 것은 거의 불가능에 가깝다. 이는 초기 이스라엘 공동체에서도 마찬가지였다. 물론 지금과 같은 화폐 개념과 자본 구조가 있던 것은 아니었지만 자본이 사회 계급을 만들고 국가의 성패를 좌우하는 매우 중요한 요소임은 틀림없었다. 그리고 이런 시스템은 가나안 정착 초기보다는 왕정 시대에 더욱 중요한 요소로 작동했을 것이다.

하나님 나라의 경제 제도

이스라엘은 애굽에서 탈출한 후 광야에서 목축과 수렵, 채취를 하며 살아갔다. 광야라는 황무지에서 농업은 불가능했기 때문이다. 하나님은 이스라엘 민족에게 40년 동안 "농업" 기술을 가르치신 것이 아니라 수렵, 채취의 방식으로 이스라엘 민족에게 양식을 공급하셨다. 이는 그들이 자급자족이 아니라 자신들의 신에게 완전히 기댄 채 양식을 해결해야 했다는 것을 의미한다.

    수렵 채취 사회는 정착 농경 사회보다 더 큰 불안감을 가져다주었을 것이다. 대규모 "저장"이 불가능했기 때문이다. 더구나 수렵과 채취는 정착 농업과는 달리 일정한 양을 수확하는 것이 아니었다. 따라서 그 사회는 문화 발전에 있어서 가장 중요한 요소가 잉여 자원의 "저장"과 "교환"이라는 점을 생각할 때, 발전과는 거리가 멀었음을 알 수 있다. 심지어 하나님은 매일 내려주시는 양식을 저장하는 것도 금지하셨다.

> 모세가 그들에게 이르기를 "아무든지 아침까지 그것을 남겨두지 말라" 하였으나(출 16:19).

이런 자본 시스템은 먹는 것에 만족을 주었을지 모르지만 나라의 "발전"은 어렵게 만드는 구조임은 틀림없었다. 나라와 문화의 발전은 "잉여 자원의 활용"에 있기 때문이다. 이스라엘은 가나안 정착 후 농경 사회로의 전환을 맞게 된다. 이스라엘 민족이 잉여 자원 축적을 통해 발전할 수 있는 절호의 기회를 맞이하게 된 것이다. 하지만 하나님은 농업에서 가장 중요한 요소인 "물"을 관리하는 독특한 방식을 제안하셨다.

> 너희가 내 규례와 계명을 준행하면 내가 너희에게 철 따라 비를 주리니 땅은 그 산물을 내고 밭의 나무는 열매를 맺으리라(레 26:3-4).

이 구절에서 하나님은 순종 여부에 따라 계절에 맞추어 비를 주겠다고 약속하셨다. 다시 말해 농업에서 가장 중요한 "비"를 기다리라는 것이다. 자본주의 사회에서 "막연히" 기다리는 것은 발전을 위해 좋은 방법이 아니다. 자본주의 사회에서 발전하고 살아남기 위해서는 끊임없이 경쟁하고 노력해야 한다. 다른 나라에 뒤처지지 않으려면 더 빠른 문화 발전을 이루고 군사력을 확보해야 한다. 그러기 위해서는 더 많은 잉여 자원을 만들어낼 뛰어난 농업기술은 필수다.

한편, 농업기술이 발달하기 위해서는 저수지와 수로의 개발이 필수적이라는 것은 상식 중 상식이다. 하지만 하나님이 통치하시는 나라에서는 순종을 조건으로 "기다림"이라는 막연한 방법을 요구한다. 이스라엘이 하나님의 심판을 받을 때 단죄 목록에 "저수지 문화"가 들어간 것을 보면 하나님 나라의 시스템에서 비를 기다리는 문화는 매우 중요한 가치임을 알 수 있다.

> 내 백성이 두 가지 악을 행하였나니 곧 그들이 생수의 근원 되는 나를 버린 것과 스스로 웅덩이를 판 것인데 그것은 그 물을 가두지 못할 터진 웅덩이들이니라(렘 2:13).

이는 하나님이 통치하시는 나라에서는 자본 증식을 통한 문화의 발전보다 더 중요한 가치가 있음을 말해준다. 하나님이 통치하시는 나라는 저수지를 확보한 자가 기득권을 갖는 시스템을 원하지 않았다고 볼 수 있다. 하나님은 모두에게 공평하게 내리는 "비"를 기다리는 것이 더 옳다고 말씀하신다.

이런 경제 제도는 각자의 잉여 자원을 활용하는 방식에 관한 법에서도 잘 나타난다. 자본주의 사회에서 잉여 자원은 자신의 부를 축적할 수 있는 가장 중요한 요소이며 나라의 발전 측면에서도 가장 중요한 요소다. 하지만 하나님이 통치하시는 나라에서 "잉여 자원"은 축적이 아니라 "분배"를 목표로 한다. 하나님이 통치하시는 나라의 백성은 자신의 수확물의 십분의 일은 자신의 것이라 생각해서는 안 된다. 십분의 일은 무조건 생성되는 잉여 자원이라고 볼 수 있는 것이다.

여기서 우리는 분배 제도뿐만 아니라 "자본의 활용"에 관한 관심도 엿볼 수 있다. 세계사를 통틀어 강대국이 된 나라들은 "자본"의 힘을 소유했다. 다시 말해 잉여 자원을 많이 확보하는 나라일수록 강대국이 될 확률이 높은 것이다.

잉여 자원은 무역을 가능하게 하고 문화와 군대의 발전을 이루는 기초가 된다. 하지만 하나님 나라에서 잉여 자원은 전쟁을 통해 제국을 세우는 데 쓰이는 것이 아니라 가난한 자를 위한 분배에 쓰인다는 점에서 세속 제국과 하나님 나라의 차이점을 볼 수 있다.

이처럼 하나님이 통치하시는 나라는 개인의 분배 윤리 및 사회법을 통한 분배를 통해 평등과 균등이 이행되는 나라라고 할 수 있다. 또한 하나님 나라에서 헌금은 "십분의 일"이 중요한 것이 아니라 그 사용 목적에 강조점이 있다.

> 28매 삼 년 끝에 그 해 소산의 십분의 일을 다 내어 네 성읍에 저축하여 29너희 중에 분깃이나 기업이 없는 레위인과 네 성중에 거류하는 객과 및 고아와 과부들이 와서 먹고 배부르게 하라. 그리하면 네 하나님 여호와께서 네 손으로 하는 범사에 네게 복을 주시리라(신 14:28-29).

11장 하나님 나라와 자본

이 말씀에서 중요한 점은 "십분의 일"이라는 수치가 아니라 자신이 가진 자원의 일부를 어디에 활용하는 것이 올바른 태도인가 하는 것이다. 하나님 나라는 사회적 약자가 영원히 패배하는 나라가 아니라 다시 일어설 수 있도록 기회를 주고 공정한 분배를 통해 더불어 살아가는 나라다. 이런 하나님 나라의 분배 정신은 구약에서뿐만 아니라 하나님이 통치하시는 신약의 교회에서도 시행된다.

12할 마음만 있으면 있는 대로 받으실 터이요, 없는 것은 받지 아니하시리라. 13이는 다른 사람들은 평안하게 하고 너희는 곤고하게 하려는 것이 아니요, 균등하게 하려 함이니 14이제 너희의 넉넉한 것으로 그들의 부족한 것을 보충함은 후에 그들의 넉넉한 것으로 너희의 부족한 것을 보충하여 균등하게 하려 함이라. 15기록된 것 같이 많이 거둔 자도 남지 아니하였고 적게 거둔 자도 모자라지 아니하였느니라(고후 8:12-15).

바울은 고린도 교인들에게 연보(헌금)의 목적이 공동체의 "균등"에 있다고 말한다. 바울은 구약의 십분의 일 제도에 담긴 분배의 정신을 헌금에 담아 교회에 적용했다. 또한 바울은 출애굽기 16:18의 "많이 거둔 자도 남지 아니하였고 적게 거둔 자도 모자라지 아니하였느니라"를 인용하며 출애굽 백성에게 만나와 메추라기가 주어졌듯이 균등을 통한 "만족"이 교회에서 이루어지기를 바라고 있다.

자본주의 사회는 자본을 숭배하고 자본을 축적하는 것을 최고의 가치로 여긴다. 하지만 하나님이 통치하시는 나라는 자본이란 "축적"하는 것이 아니라 나누어야 하는 것이라고 말한다. 물론 이런 명령은 자본주의 사회에서는 "불만"을 야기할 수 있다. 하지만 하나님이 통치하시는 나라는 개인의 자유보다 공동으로 함께 살아가는 것이 목표이기 때문에 이런 명령에 불만을 가져서는 안 된다.

이스라엘의 실패와 오늘날의 교회

그럼에도 이스라엘은 이 시스템에 회의를 갖고 자본을 숭배하는 나라가 되어버렸다. 포로기 직전 이스라엘 민족의 사회상은 통치자가 하나님이라고는 믿기지 않을 정도로 애굽스러웠고 가나안과 닮아버린 모습으로 변해 있었다.

또한 그 이면에는 사회의 불평등과 양극화 현상이 매우 심했다는 사실을 성경의 여러 구절을 통해 목격할 수 있다. 그 중심에는 "솔로몬"이라는 왕이 존재한다. 솔로몬의 나라는 다른 민족에게 소문이 날 정도로 가장 강성했지만, 성경은 그의 나라가 "하나님 나라"와는 전혀 다른 모습이었다고 말한다.

솔로몬은 잉여 자원을 가장 잘 활용한 왕이었으며 자신의 궁과 성전을 매우 아름답게 건축한 왕이었다. 하지만 그 이면에는 고된 노역으로 착취당하고 고통 받는 백성들이 있었다. 이스라엘 백성들이 솔로몬의 아들에게 탄원하는 장면은 "대국"에서 풍요로운 삶을 사는 행복한 백성들이 아닌 애굽 노예 시절의 모습을 연상케 한다.

> 왕의 아버지가 우리의 멍에를 무겁게 하였으나 왕은 이제 왕의 아버지가 우리에게 시킨 고역과 메운 무거운 멍에를 가볍게 하소서. 그리하시면 우리가 왕을 섬기겠나이다(왕상 12:4).

솔로몬 시대의 이스라엘은 가장 많은 자본을 확보한 나라였지만 정작 백성들은 애굽 시절의 노예와 다를 바 없는 생활을 하고 있었다. 여기서 중요한 것은 하나님 나라는 크고 화려한 나라를 말하지 않는다는 점이다. 특히 하나님 나라는 확장을 중요시하지 않고 "방법"에 요점을 둔다는 사실이 주목할 만하다.

또한 우리는 여기서 하나님 나라가 자본을 이해하는 방식을 확인할 수 있다.

① 자본은 함께 살아가기 위한 도구라는 점에 가장 큰 의미를 두어야 한다.
② 자본을 숭배하지 않는다는 것은 언제든 자본을 내려놓을 수 있다는 것을 의미한다.
③ 자본은 사회에서 무시할 수 없는 요소다. 하지만 자본이 우리의 삶의 목적이나 목표가 되어서는 안 된다.
④ 성경은 자본 증식을 위한 활동을 금지하지 않는다. 하지만 그

방법이 저수지를 만드는 듯한 방식이어서는 안 된다.
⑤ 하나님 나라의 경제 제도는 "분배"를 강조한다. 노동을 통해 우리에게 주어진 잉여 자원을 "분배"의 목적으로 사용해야 한다.

한국 대형 교회의 곳간은 넘쳐나고 있다. 성도들의 잉여 자원을 모아 또 다른 잉여 자원을 만들어내기 때문이다. 각종 편법과 불법을 통해 높고 넓은 건물을 짓고 거기서 일하는 교역자들이 상식적으로 이해되지 않는 수준의 사례를 받는 모습이 세상에 알려져 손가락질을 받기도 한다. 잉여 자원을 모아두면 썩기 마련이다.

성도들은 자신들의 잉여 자원을 헌금을 통해 교회에 내고 있다. 하지만 이상하게도 교회 안에는 가난한 이들이 속출하고 있으며 학자금 대출의 늪에 빠진 청년들의 절규도 멈추지 않고 있다. 하나님이 내라고 한 잉여 자원을 "분배"의 목적으로 사용하는지 의심스러울 수밖에 없다. 성경은 잉여 자원이 공동체에서 어려움을 겪고 있는 이들을 위해 쓰여야 한다고 말한다. 오늘날 살진 교회는 잉여 자원을 통해 자신의 궁과 성전을 건축한 솔로몬의 나라와 비교해도 다를 바가 없어 보인다.

잉여 자원은 많이 벌어서 주어지는 것이 아니라 이웃에 대한 마음으로 내가 만드는 것이다.

12장

하나님을 기억하는 세상

기억하라

이스라엘은 가나안 땅에 도착한 후 하나님이 통치하시는 "나라"를 세우고 제사장 나라의 역할을 완수하라는 사명을 부여받았다. 가나안에 세운, 하나님이 통치하시는 나라는 앞서 살펴본 대로 애굽의 피라미드식 사회, 정치, 경제관을 뛰어넘어 하나님의 성품과 가치가 반영되는 나라였으며 이방 국가와 차별성을 둔 나라이기도 했다.

그렇다면 하나님이 통치하시는 나라를 세우기 위해 이스라엘이 취해야 할 가장 중요한 덕목은 무엇이었을까? 성경은 다음 구절들을 통해 "하나님의 행동"을 기억하라고 거듭해서 명령한다.

> 18그들을 두려워하지 말고 네 하나님 여호와께서 바로와 온 애굽에 행하신 것을 잘 기억하되 19네 하나님 여호와께서 너를 인도하여내실 때에 네가 본 큰 시험과 이적과 기사와 강한 손과 편 팔을 기억하라. 네 하나님 여호와께서 네가 두려워하는 모든 민족에게 그와 같이 행하실 것이요(신 7:18-19).

> 17그러나 네가 마음에 이르기를 "내 능력과 내 손의 힘으로 내가 이 재물을 얻었다" 말할 것이라. 18네 하나님 여호와를 기억하라. 그가 네게 재물 얻을 능력을 주셨음이라. 이같이 하심은 네 조상들에게 맹세하신 언약을 오늘과 같이 이루려 하심이니라(신 8:17-18).

12장 하나님을 기억하는 세상

너는 애굽 땅에서 종 되었던 것과 네 하나님 여호와께서 너를 속량하셨음을 기억하라. 그것으로 말미암아 내가 오늘 이같이 네게 명령하노라 (신 15:15).

너희는 애굽에서 나오는 길에서 네 하나님 여호와께서 미리암에게 행하신 일을 기억할지니라(신 24:9).

성경은 무슨 이유로 이스라엘에게 하나님이 하신 일을 기억하라고 반복해서 말했을까? 그리고 이스라엘에게 하나님이 하신 "일"을 기억하는 것은 어떤 의미가 있을까? 지금부터 이 문제들을 순차적으로 풀어보자.

첫 번째로 하나님은 왜 이스라엘을 위해 일하셨는지, 그리고 하나님이 하신 일의 의미는 무엇인지 살펴볼 것이다. 이어서 성경이 왜 하나님이 하신 일을 우리가 기억해야 한다고 당부하는지 그 이유를 살펴보고자 한다.

이스라엘을 위해 일하시는 하나님

먼저 우리가 살펴볼 것은 하나님은 왜 이스라엘을 위해 "일"하셨는가에 관한 부분이다. 이것을 알기 위해서는 먼저 앞서 제시한 본문들의 배경이 되는 출애굽 사건으로 돌아가야 한다. 그러므로 논의의 범위를 좁혀 하나님이 이스라엘을 위해 일하신 동기를 출애굽을 배경으로 생각해보자.

우리는 흔히 출애굽기를 서론(문제 제기), 본론(재앙), 결론(출애굽)의 형식으로 읽는다. 그런데 이렇게 읽게 되면 출애굽기를 한 편의 이야기로 읽기에는 적절할 수 있겠지만 "창세기"와의 연결점은 놓치게 된다.

물론 출애굽기가 "요셉" 이야기와 곧바로 연결되기 때문에 그들이 애굽에 거주하게 된 배경은 쉽게 알 수 있지만 창세기와 출애굽기에는 더 중요한 "연결점"이 있다. 성경은 하나님이 이스라엘 민족을 애굽에서 구원하시는 "동기"를 분명히 밝힌다. 다음 성구는 하나님이 이스라엘을 위해 일하시는 동기를 나타내주는 동시에 출애굽기가 창세기의 "약속"에 근거한다는 사실을 잘 알려준다.

> 23여러 해 후에 애굽 왕은 죽었고 이스라엘 자손은 고된 노동으로 말미암아 탄식하며 부르짖으니 그 고된 노동으로 말미암아 부르짖는 소리가 하나님께 상달된지라. 24하나님이 그들의 고통 소리를 들으시고 하나님이 아브라함과 이삭과 야곱에게 세운 그의 언약을 기억하사 25하나님이 이스라엘 자손을 돌보셨고 하나님이 그들을 기억하셨더라(출 2:23-25).

> 4가나안 땅 곧 그들이 거류하는 땅을 그들에게 주기로 그들과 언약하였더니 5이제 애굽 사람이 종으로 삼은 이스라엘 자손의 신음 소리를 내가 듣고

나의 언약을 기억하노라(출 6:4-5).

하나님은 당신이 이스라엘을 위해 일하시는 이유가 "언약"을 기억하기 때문이라고 말씀하신다. 다시 말해 출애굽은 하나님 자신이 "약속"한 바를 성실히 이행한 결과다. 이 약속은 "창세기"에 등장하는 내용 중에서 가장 중요한 주제이자 이야기 진행의 중요한 "동력"이다. 이처럼 성경은 등장인물들이 이야기를 주도하는 것이 아니라 하나님 스스로 "약속"하신 바를 이행하는 과정을 통해 진행된다.

내 백성으로 삼고

두 번째로 우리가 살펴볼 것은 하나님이 하신 "일"에 담긴 의미 또는 목적이 무엇인가에 관한 것이다. 출애굽기에서 하나님이 하신 "행동"은 대부분 이스라엘 백성을 놓아주지 않으려는 애굽에 내리는 재앙에 집중되어 있다. 나아가 더 넓게는 애굽에서 이스라엘 백성들을 구원하기 위해 벌어진 모든 일이 그분이 일하신 결과다. 성경은 하나님이 일하시는 목적을 다음과 같이 정의한다.

6그러므로 이스라엘 자손에게 말하기를 "나는 여호와라. 내가 애굽 사람의 무거운 짐 밑에서 너희를 빼내며 그들의 노역에서 너희를 건지며 편 팔과 여러 큰 심판들로써 너희를 속량하여 7너희를 내 백성으로 삼고 나는 너희의 하나님이 되리니 나는 애굽 사람의 무거운 짐 밑에서 너희를 빼낸 너희의 하나님 여호와인 줄 너희가 알지라"(출 6:6-7).

출애굽기 저자는 이 말씀을 통해 하나님이 이스라엘 자손을 빼내며 노역에서 건지기 위해 "큰 심판"을 내리셨다고 말한다. 그리고 그 행동의 최종 목적은 그들을 "백성으로 삼고 그들의 하나님이 되기 위함"이라고 밝힌다. 하나님이 이스라엘 민족을 바로의 손에서 건져내어 당신의 백성으로 삼기 위해 "행동"하셨다는 것이다. 그리고 이런 행동의 근거는 하나님이 이스라엘 민족의 조상인 아브라함과 이삭과 야곱에게 한 "약속"이다.

약속을 신실하게 지키시는 하나님

마지막으로 하나님이 출애굽을 위해 하신 "일"을 기억하라는 명령에 담긴 의미에 관해 살펴보자. 하나님은 바로의 "종"인 이스라엘 민족을 건져내어 당신의 백성으로 삼으시려고 그들을 출애굽시키기 위한 "행동"을 하셨다. 그리고 그 근거는 이스라엘 민족의 조상들과 맺은 "약속"이었다. 하나님은 자신의 약속을 신실하게 이행하시는 분이기 때문이다. 그렇다면 이런 "일"을 기억하라는 명령에는 어떤 의미가 담겨 있을까?

하나님이 당신이 하신 일을 "기억"하라고 명령하신 것은 하나님이 어떤 분인가를 알게 하기 위해서다. 다시 말해 하나님 자신이 한 "약속"을 얼마나 신실하게 지키는 분인가를 알게 하기 위해 기억하라는 명령을 내리신 것이다.

이스라엘 민족은 하나님이 하신 일과 그들이 겪은 일을 여러 방법과 절기를 통해 반복적으로 기억해야 했다. 그리고 그것을 자녀들에게 가르쳐야 했다. 따라서 이스라엘 민족이 "기억"하기 위해 기울인 노력은 하나님이 얼마나 "신실한" 분인가를 기억하기 위한 것이었다. 우리는 다음 구절에서 하나님의 인도하심으로 출애굽한 이스라엘 백성이 그들의 체험을 통해 어떤 신앙을 형성했는지 엿볼 수 있다.

7여호와께서 너희를 기뻐하시고 너희를 택하심은 너희가 다른 민족보다 수효가 많기 때문이 아니니라. 너희는 오히려 모든 민족 중에 가장 적으니라. 8여호와께서 다만 너희를 사랑하심으로 말미암아, 또는 너희의 조상들에게 하신 맹세를 지키려 하심으로 말미암아 자기의 권능의 손으로 너희를 인도하여내시되 너희를 그 종 되었던 집에서 애굽 왕 바로의 손에서 속량하셨나니 9그런즉 너는 알라. 오직 네 하나님 여호와는 하나님이시요, 신실하신 하나님이시라. 그를 사랑하고 그의 계명을 지키는 자에게는 천 대까지 그의 언약을 이행하시며 인애를 베푸시되, 10그를 미워하는 자에게는 당장에 보응하여 멸하시나니, 여호와는 자기를 미워하는 자에게 지체하지 아니하시고 당장에 그에게 보응하시느니라. 11그런즉 너는 오늘 내가 네게 명하는 명령과 규례와 법도를 지켜 행할지니라(신 7:7-11).

이 구절은 우리가 지금까지 정리한 내용을 종합해준다. 하나님이 이스라엘 민족을 백성으로 삼기 위해 선택하신 이유는 그들의 "머릿수" 때문이 아니다(7절). 하나님이 이스라엘 민족을 선택하신 이유는 그들의 조상들에게 한 맹세를 지키기 위해서다(8절). 당신의 약속을 이행하기 위해 하나님은 "권능의 손"으로 이스라엘을 속량하셨다(9절). 따라서 이제 이스라엘에게는 하나님이 얼마나 "신실한" 분인지 알아야만 하는 의무가 부여된다.

기억하는 나라

하나님이 하신 "일"을 기억하는 것은 하나님이 어떤 분이신지를 다시 한번 상기하는 중요한 의미를 가진다. 이스라엘 민족은 약속을 지키시는 하나님의 신실하신 성품에 기대어 거친 광야와 낯선 가나안에서도 살아갈 수 있는 "믿음"을 가지게 된다.

> 하나님은 사람이 아니시니 거짓말을 하지 않으시고 인생이 아니시니 후회가 없으시도다. 어찌 그 말씀하신 바를 행하지 않으시며 하신 말씀을 실행하지 않으시랴?(민 23:19)

하나님 나라는 하나님의 신실함을 "기억"하는 나라다. 다시 말해 하나님의 신실한 행위를 기억하면서 하나님이 신실하신 분임을 깨닫는 것이 하나님 나라의 조건이다. 이런 깨달음은 이스라엘 민족으로 하여금 자신들이 섬길 "왕"을 신뢰할 수 있게 함으로써 "믿음"의 토대를 형성했을 것이다. 하지만 반대로 "기억"하지 못한다면 "왕"에 대한 신뢰에 문제가 생기게 된다. 다음 성구들은 하나님을 기억하지 못한 이스라엘 민족이 어떤 결과를 맞이했는지를 잘 보여준다.

> 그 세대의 사람도 다 그 조상들에게로 돌아갔고 그 후에 일어난 다른 세대는 여호와를 알지 못하며 여호와께서 이스라엘을 위하여 행하신 일도 알지 못하였더라(삿 2:10).

> 이스라엘 자손이 여호와의 목전에 악을 행하여 자기들의 하나님 여호와를 잊어버리고 바알들과 아세라들을 섬긴지라(삿 3:7).

사사기 저자는 가나안에 정착한 이스라엘 민족의 다음 세대가 하나님이 "이스라엘을 위하여 행하신 일"을 알지 못했다고 말한다. 그리고 이어지는 장에서는 하나님을 잊어버리고 우상을 섬기는 이스라엘의 모습이 등장한다.

이스라엘 민족은 가나안이라는 새로운 정착지에서 하나님을 잊어버렸다. 아마도 이스라엘 민족은 유목 생활을 접고 정착민으로 변모하는 과정에서 크고 작은 혼란을 겪었을 것이다. 그리고 목축에서 농업으로 전환하면서 하나님에 대한 신뢰를 잃어버렸을 가능성도 크다. 고대사회에서 목축과 농업의 "신"은 동일하지 않았기 때문이다.

다시 말해 하나님을 신뢰하기보다는 가나안 원주민들이 믿었던 농사의 신에 더 의지했을 가능성이 다분하다. 그리고 이런 결과는 단순히 하나님을 기억하지 못한 채 잊고 사는 차원의 문제가 아니라 하나님에 대한 신뢰 자체를 잃어버리는 결과를 가져왔다. 하나님의 은혜를 저버린 이스라엘 민족의 모습은 마치 오늘날 장성한 자녀가 첨단 가전제품 앞에서 쩔쩔매는 부모를 함부로 대하는 모습을 연상시키기도 한다.

광야에서 배운 하나님 나라의 가치는 가나안 원주민들 앞에서 낡은 가치로 전락하고 말았다. 그리고 하나님에 대한 신뢰도 잃어버리고 말았다. 이스라엘 민족이 가나안으로 터전을 옮긴 후에도 하나님 나라의 가치와 제도를 지키기 위해서는 하나님에 대한 신뢰가 필수다. 그런데 이스라엘 민족은 하나님에 대한 신뢰를 잃어버렸고 그 결과 가나안 땅에 하나님 나라가 세워지는 것은 요원한 일이 되고 말았다.

하나님의 가치와 통치가 언제나 세상의 가치보다 더 합리적이고 실용적이지는 않다. 어쩌면 세상의 통치보다 낡고 발전 역시 더

12장 하나님을 기억하는 세상

디게 이루어지는 것처럼 보일 수 있다. 하지만 이스라엘은 하나님을 신뢰했어야 했다. 어쩌면 하나님을 "기억"한다는 것은 합리적이고 실용적인 세상의 시스템에 저항한다는 의미일 수도 있다. 따라서 우리가 하나님을 기억하는 것은 단순히 머리로만 아는 것이 아니라 세상의 방식이 아닌 하나님의 방식을 신뢰하고 따르겠다는 적극적인 의지의 표명이자 노력의 일환이라고 볼 수 있다.

배신의 나라와 신뢰의 나라

지금까지 우리는 출애굽 사건을 통해 자신의 약속을 성실히 이행하기 위해 일하시는 하나님의 모습을 살펴보았다. 이처럼 성경은 처음부터 끝까지 하나님 나라를 세우겠다는 약속을 이행하고 계시는 "하나님"에 관한 이야기다. 이스라엘이 포로로 끌려가는 구약의 마지막 부분에서 하나님은 마치 당신이 하신 약속을 이루지 못하고 포기하시는 것처럼 비쳐지지만 우리는 "신약"을 통해 하나님의 신실함이 거기서 그치지 않았다는 것을 알 수 있다. 그리고 이것이 바로 신약에서 일하시는 하나님 이야기가 담고 있는 진정한 의미다.

신약 이야기의 골자는 하나님이 세상을 여전히 사랑하셔서 자신의 유일한 아들인 예수를 통해 자신의 "신실함"을 지키신다는 것이다. 즉 우리는 신약의 이야기를 읽으며 하나님은 지독할 만큼 자신의 약속에 신실하고 그 약속을 성실하게 지키시는 분이라는 것을 깨닫게 되는 것이다. 그리고 이제 우리는 예수를 통해 자신의 약속을 지키기 위해 일하시는 하나님을 "기억"하게 된다. 그리고 그 신뢰를 바탕으로 성경의 마지막 약속을 기다리며 살아가는 것이다.

성경에서 하나님 나라의 중요한 특징은 그 나라가 "하나님의 신실성"에 기초한다는 점이다. 하나님의 신실성이란 하나님 자신이 만든 창조세계의 질서를 회복하기 위해 약속하신 바를 성취하려는 "하나님의 열심"을 말한다.

그런데 우리가 사는 세상에서는 신실함을 찾아보기 어렵다. 사회는 사람들에게 열심히 일하면 신분을 넘어설 수 있다고 약속했지만 IMF 이후 이런 약속은 우리를 배신했다. 이제는 아무리 열심히 일해도 신분의 격차를 좁히기 힘든, 금수저와 흙수저로 나뉜 신종 신분 사회가 오고 말았다.

국가는 약자를 위한 복지를 약속했지만 양극화 현상은 더욱 심화하고 있다. 친서민 교육정책을 홍보했던 교육부의 정책기획관은 개, 돼지 발언으로 우리를 배신했다. 침몰한 세월호 승객들을 당연히 구조할 줄 알았던 해양경찰은 무능력의 극치를 보여주며 우리를 배신했다.

끊임없는 사회의 배신 덕분에 청년들은 불안정한 미래를 염려하며 마땅히 누려야 할 권리를 "포기"하는 삶을 억지로 살아내고 있다. 그렇다면 이런 청년들에게 기독교는 과연 "신뢰"를 보여주었을까? 기독교는 헬조선을 외치는 청년들의 고통스러운 외침에 침묵하고 그들의 일자리 문제에 아무런 관심을 보이지 않는다. 또한 청년들의 대출 문제에도 아무런 관심이 없고 그들에게 신앙생활의 열심만 종용한다.

교회는 청년들에게 교회 내에서조차 노동자의 삶을 요구하면서도 정작 그들의 현실 문제에 대한 공감은 전혀 보이지 않은 채 청년들의 나약함을 정죄하며 다니엘의 경건과 요셉의 성실을 본받으라고 종용한다. 학자금 대출에 허덕이다 못해 어쩔 수 없이 교회 봉사를 내려놓고 알바 현장에 뛰어드는 청년들에게 하나님의 일보다 세상일을 우선시하는 사람은 복을 받지 못한다고 겁박하는 사람들도 있다. 하지만 성경은 하나님의 신실하심에 신실함으로 응답한 예수의 삶을 본받아 교회 역시 신실해야 한다고 요구한다.

교회는 배신당하는 것에 익숙한 청년들에게 "믿어라", "사랑하라", "감사하라", "기도하라"는 식의 요구를 하기보다 교회도 청년들을 위해 "신실하게" 애쓰고 있다는 것을 보여주어야 한다.

13장

하나님에 대한 신뢰를 드러내는 방법

앞서 우리는 이스라엘 민족의 출애굽을 위해 하나님이 "일"하신 이유와 그 일을 기억하는 것에 어떤 의미가 있는지 살펴보았다. 이번 장에서는 자신의 약속을 성실히 이행하시는 하나님의 "신실함"에 보답하기 위해 이스라엘에게 어떠한 "행동"이 요구되는지 살펴보자.

신실하신 하나님께 합당한 신뢰를

성경은 하나님이 이스라엘의 출애굽을 위해 일하시는 근거가 그들의 조상들에게 하신 약속을 지키기 위한 것에 있다고 반복해서 말한다. 그것은 이스라엘 민족이 자신들이 섬기는 하나님이 얼마나 신실하신 분인지 자연스럽게 깨닫게 한다. 다시 말해 하나님은 이스라엘 민족의 조상들에게 한 약속에 대해 성실히 의무를 다하신 것이다.

그런데 성경은 여기서 그치지 않고 하나님의 신실한 행동에 합당한 신뢰를 보이라고 요구한다. 다음 성구들은 하나님에 대한 신뢰를 드러내기 위해 이스라엘에게 요구되는 행동이 무엇인지 말해 준다.

> 7여호와께서 너희를 기뻐하시고 너희를 택하심은 너희가 다른 민족보다 수효가 많기 때문이 아니니라. 너희는 오히려 모든 민족 중에 가장 적으니라.

13장 하나님에 대한 신뢰를 드러내는 방법

8여호와께서 다만 너희를 사랑하심으로 말미암아, 또는 너희의 조상들에게 하신 맹세를 지키려 하심으로 말미암아 자기의 권능의 손으로 너희를 인도하여내시되 너희를 그 종 되었던 집에서 애굽 왕 바로의 손에서 속량하셨나니 9그런즉 너는 알라. 오직 네 하나님 여호와는 하나님이시요, 신실하신 하나님이시라. 그를 사랑하고 그의 계명을 지키는 자에게는 천 대까지 그의 언약을 이행하시며 인애를 베푸시되 10그를 미워하는 자에게는 당장에 보응하여 멸하시나니, 여호와는 자기를 미워하는 자에게 지체하지 아니하시고 당장에 그에게 보응하시느니라. 11그런즉 너는 오늘 내가 네게 명하는 명령과 규례와 법도를 지켜 행할지니라(신 7:7-11).

성경은 하나님이 이스라엘 민족을 자기 백성으로 삼으신 이유는 "수효" 때문이 아니라고 말한다(7절). 하나님이 이스라엘 민족을 선택하신 이유는 그들의 조상들에게 한 맹세를 지키시기 위해서다(8절). 그런 이유로 하나님은 "권능의 손"으로 이스라엘을 속량하셨다(8절). 이제 이스라엘이 알아야 할 것은 하나님이 얼마나 "신실한" 분이신가다.

신실하신 하나님은 신실한 백성들에게 스스로 하신 약속을 계속 이행하실 것이며(9절), 따라서 이스라엘 민족은 하나님의 신실하심에 걸맞은 신뢰를 보여야 한다. 하나님이 먼저 신실하게 약속을 지키셨으므로 이제는 이스라엘 민족이 새로운 "왕"의 통치를 따르며 그 신뢰에 보답해야 하는 것이다. 다시 말해 이스라엘은 하나님이 보여주신 신실함에 대한 보답으로 하나님께 대한 그들의 신뢰를 보여주어야 하며 이것은 하나님의 통치에 순종하는 것으로 증명된다. 이런 패턴은 이스라엘과의 언약이 이루어지는 출애굽기 19장과 십계명이 주어지는 20장에도 잘 드러난다.

> 내가 애굽 사람에게 어떻게 행하였음과 내가 어떻게 독수리 날개로 너희를 업어 내게로 인도하였음을 너희가 보았느니라(출 19:4).

> 1하나님이 이 모든 말씀으로 말씀하여 이르시되 2"나는 너를 애굽 땅, 종 되었던 집에서 인도하여낸 네 하나님 여호와니라"(출 20:1-2).

여기서 주목할 점은 하나님이 이스라엘 민족을 구원하기 위해 행하신 바가 이스라엘에게 "순종"을 요구하는 근거가 된다는 점이다. 이는 하나님이 보여주신 "행동"들이 새로운 왕을 맞이하고 그의 법도에 따라 살아가는 백성들의 삶을 결정하는 데 있어 중요한 사건이 된다는 것을 의미한다.

하나님 나라는 하나님의 신실하신 일하심을 통해 이 땅에 세워진다. 그리고 하나님을 신뢰하는 백성들은 그의 통치를 적극적으로 수용하며 살아감으로써 이 땅에 하나님 나라를 확장하는 의무를 다해야 한다.

거룩과 속됨의 경계에서 살아가는 사람들

어려서부터 보수적인 기독교 집안에서 살아온 나에게 참된 신앙이란 세상의 "악"으로부터 구별되는 것을 의미했다. 이는 나와 비슷한 시기에 신앙생활을 한 청·장년에게 비슷하게 주어진 신앙의 풍토였다. 우리들에게 거룩함이란 세상으로부터의 구별을 의미했고 여기서 "세상"은 "대중문화"로 규정되는 경우가 많았다.

어린 시절, 주초(酒草) 문제뿐만 아니라 노래방, 당구장, PC방, 대중가요, 영화, 패션에 이르기까지 기독교에서 속된 것이라 규정하면 그것은 악이라고 생각하고 멀리했던 시기가 있었다. 실제로 나는 노래방을 고등학교 이후에 몰래 가봤는데도 죄책감에 시달려야 했다. 지금도 그날이 생생하게 기억날 정도다. 심지어 당시에 유행했던 힙합 패션이나 머리 염색을 한 청소년 및 청년들은 교회에서 질타받기 일쑤였다. 그런 분위기 탓에 1990-2000년대 초에는 기독 청년들의 패션이 거의 비슷했을 정도였다.

그 유명한 면바지와 남방 혹은 청바지에 흰 남방을 받쳐 입은 패션은 그 당시 기독청년들의 핫 아이템이었고 그런 복장을 한 청년들을 교회에서는 단정하다고 칭찬했다. 당시 어른들은 세상의 악한 문화로부터 청소년들과 청년들을 지킨다는 일념으로 열심히 "보수적"으로 가르쳤다. 내가 중고등부 사역을 할 때도 자기 자녀들이 "세상에 물들었다"고 말하며 "교회 생활"에 전념하게 해달라고 부탁

하는 부모들이 상당히 많았다. 그야말로 많은 학부모가 교회의 중고등부를 교화 시설로 생각했던 것이다.

문제는 거룩과 속됨에 대한 교회의 이원론적인 규정이 많은 사람들을 "착한" 청년으로 교화시켰을지 모르지만 역으로 그 "착한" 청년들을 세상과 단절시켰다는 사실이다.

나는 청년 사역을 하면서 "세상"과의 접촉에 실패하고 낙담한 청년들을 많이 만나보았다. 첫 사회생활이라고 할 수 있는 대학 문화에서부터 청년들과 세상의 충돌은 시작되었고 직장 생활에서는 왕따를 당하기 일쑤였다. 이런 문제는 회식 자리에서 야기되는 "술" 문제로 단순화시킬 것이 아니다. 기독청년들은 세상과의 접촉에서 허용할 수 없는 마지막 최전방 경계를 "술"과 "유흥"으로 생각하는 경우가 많지만 기독청년들의 사회 부적응은 단순히 "회식" 문화로 설명될 수 있는 차원이 아니다. 청년들은 회식에서 권하는 "술" 문제보다 교회에서 "거룩"해 보이려는 태도에 따른 문제점을 토로한다. 실제로 많은 청년이 교회에서 "착한" 청년의 이미지로 살아가는 것이 "위선"이라고 생각하고 있다. 세상과 교회에서의 태도가 다른 만큼 그 괴리에서 오는 정신적 고통의 문제와 위선적인 삶을 들킬까 노심초사하느라 지친 마음의 부담이야말로 많은 청년들이 갖고 있는 고민이다.

"거룩의 코스프레를 그만두고 싶어요."

이런 문제는 청소년들과 청년들에게 종종 수련회 특강으로 선

보이곤 하는 "기독교 문화" 교육과도 밀접하게 관련되어 있는 것으로 보인다. 그런 교육에서는 1990-2000년대에는 인기 있던 기독청소년 큐티집을 정기 구독하는 것은 기본으로 하고, 세속 문화에 대해 비판적으로 접근하며 X세대 문화를 배척하고 열심히 "전쟁"을 벌이는 것이 매우 중요한 기독교 문화 훈련이라고 강조되곤 했다.

이런 식의 기독교 문화 훈련에 따르면 대중음악, 오락, 영화, 각종 미디어 등은 거부해야 하는 문화이며, 노골적인 기독교 콘텐츠와 CCM, 신앙 서적, 찬양 집회 등은 수용해야 하는 문화다. 이런 훈련은 각종 수련회로 자연스럽게 이어져 수많은 청소년이 자신이 세속적인 사람임을 고백하고 눈물로 회개하면서도 얼마 못 가 죄책감에 빠지는 악순환에 빠져야 했다. 그리고 교회는 세속 문화를 수용한 사람들을 "정죄"하고 수군거리기 일쑤였다.

이런 편협한 기독교 문화 훈련은 이름만 세련되게 바뀌었을 뿐 지금까지 이어지고 있다. 일명 "미디어 금식"이 그것이다. 게다가 이제는 상대적인 기독교 문화 콘텐츠가 상실되어 대안조차 없는 실정이다. 많은 교회가 청년들을 최대한 오래 붙잡아두면서 많은 행사를 치르며 그것이 마치 기독교 문화인 것처럼 포장하고 있다. 하지만 이제는 대중문화와 기독교 문화를 구분하는 이분법적이고 편협한 세계관 훈련은 사라져야 하며 기독교 문화에 대한 새로운 접근이 필요한 때다.

나는 하나님 나라와 세상을 이원론적으로 구분 짓는 것은 하나님이 의도하신 나라의 방식과는 다르다고 생각한다. 왜냐하면 하나님 나라와 세상은 완전히 구분될 수 없고 온 세상이 하나님께 속해 있기 때문이다.

제사장 나라, 거룩한 백성

아마도 하나님 나라와 세상 나라를 이원론적으로 구분 짓는 해석은 "레위기"의 정결법에서 기인한 것이 아닌가 싶다. 레위기 11장의 정결법은 속된 것과 접촉하는 것에 관한 문제를 다룬다. 거룩한 것이 속된 것을 접촉하면 속된 것으로 전락한다는 것이 이 말씀이 담고 있는 기본 원리다.

● 거룩 + 속됨 = 속됨

이런 정결법은 "내가 거룩하니 너희도 거룩하라"는 말씀을 근거로 삼고 있으며 구약에서 거룩함을 체득하기 위한 가장 중요한 법이라고도 할 수 있다.
이 정결법에 의하면 이스라엘이 "거룩함"을 지키는 방식은 "접촉"을 금하는 것이며 이것은 오늘날까지 이어져 하나님 나라와 세상의 접촉을 금하는 근거가 되기도 한다. 이런 원리를 그림으로 표현하면 다음과 같다.

13장 하나님에 대한 신뢰를 드러내는 방법

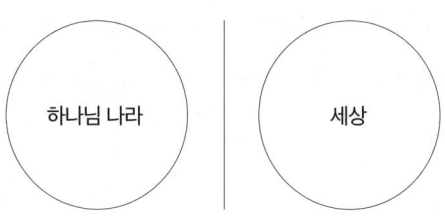

　　하나님 나라와 세상의 접촉을 금하는 정결법은 세상을 하나님 나라와 이방 나라로 양분해 바라보면서 그런 관점이 옳다고 판단하는 근거로 활용될 수 있다. 하지만 이는 고대사회의 문화와 당시 상황을 고려해 생각해야 할 문제다. 즉 그런 관점을 그대로 수용하기 전에 우리는 먼저 하나님이 이스라엘 백성에게 이방 나라와의 거룩한 구별을 원하신 이유가 무엇인지를 알아야 한다.

　　결론부터 말하자면, "거룩"한 구별을 통해 이방과 이스라엘을 구분 짓는 것이 하나님이 의도하신 최종 목표는 아니었다. 오히려 거룩한 구별을 통해 이방 나라도 거룩하게 만드는 것이 하나님의 궁극적인 목표다. 이는 출애굽기 19장의 언약 체결식에 잘 드러난다. 출애굽기 19장에서 하나님은 이스라엘 백성과 계약을 맺으실 때 그들이 갖추어야 할 조건과 이루어야 할 사명을 말씀해주셨다.

　　너희가 내게 대하여 제사장 나라가 되며 거룩한 백성이 되리라. 너는 이 말을 이스라엘 자손에게 전할지니라(출 19:6).

하나님이 이스라엘을 자신의 백성으로 삼으시는 목적은 제사장 나라로서의 역할을 부여하기 위해서다. 제사장의 역할은 하나님과 죄인을 중보하는 데 있다. 이스라엘은 한 나라로서 그 역할을 부여받았으므로 하나님의 통치를 받지 않는 이방 나라와 하나님을 연결하는 통로가 되어야 한다. 즉 이런 역할을 감당하기 위해 이스라엘이 먼저 하나님의 백성다운 면모를 갖출 필요가 있었고 그것이 바로 "거룩함"인 셈이다.

다시 말해 이스라엘이 감당해야 할 거룩한 역할은 폐쇄 및 구분 짓기에 있는 것이 아니라 거룩함을 퍼트리고 확장하는 "선교"에 있다고 볼 수 있다. 더욱이 이런 역할은 이스라엘 민족의 시조인 아브라함에게 이미 주어졌던 것이었다.

"너를 축복하는 자에게는 내가 복을 내리고 너를 저주하는 자에게는 내가 저주하리니 땅의 모든 족속이 너로 말미암아 복을 얻을 것이라" 하신지라 (창 12:3).

문제는 이런 역할이 이제 막 출애굽한 이스라엘 백성들이 감당하기에는 매우 어려운 궁극의 이상이었다는 점이다. 따라서 애굽에서 탈출한 당시의 이스라엘 백성들은 그저 자신들의 거룩함을 "지키는 것"만으로도 벅찼을 것이라고 추측해볼 수 있다. 하지만 이런 점을 감안하더라도 이스라엘은 궁극적 목표를 망각하고 종교적 형식을 고집하다가 고립되는 형국을 자초했으며 선민사상에 사로잡혀 폐쇄적이고 위선적인 나라가 되어버리고 말았다는 사실에는 변함이 없다.

하나님을 신뢰하는 사람은 세상과 차단된 삶을 사는 것이 아니라 성과 속의 경계에서 거룩을 지키며 적극적으로 살아간다.

14장

하나님 나라와 정결법

뒤집힌 정결법

하나님의 백성이 자신의 진정한 역할을 망각한 채 형식적인 거룩함을 지키는 일에 집착하며 폐쇄적인 삶을 사는 현상은 예수가 활동한 1세기 유대 사회에도 팽배해 있었다. 거룩함 자체가 유대인들의 중요 관심사였다. 복음서에는 당시 종교인들이 "정결"에 관해 어떤 생각을 갖고 있었는지 엿볼 수 있는 구절들이 등장한다.

> ¹그때에 바리새인과 서기관들이 예루살렘으로부터 예수께 나아와 이르되 ²"당신의 제자들이 어찌하여 장로들의 전통을 범하나이까? 떡 먹을 때에 손을 씻지 아니하나이다?" ³대답하여 이르시되 "너희는 어찌하여 너희의 전통으로 하나님의 계명을 범하느냐?"(마 15:1-3)

이 구절은 당시 행해진 정결예식을 묘사해준다. 유대인으로 구성된 예수의 제자들이 정결예식을 지키지 않는 것에 의구심을 품은 바리새인과 서기관들은 하나님의 계명을 범한다며 따지듯이 묻는다. 이에 예수는 그들을 책망하신다. 복음서에는 예수가 정결과 관련해 당대의 관념을 바꿔놓는 장면이 여러 차례 등장한다. 그 대표적인 사례가 혈루증 여인과의 접촉이다.

열두 해 동안이나 혈루증으로 앓는 여자가 예수의 뒤로 와서 그 겉옷 가를 만지니(마 9:20).

앞서 살펴본 레위기의 정결법 공식대로라면 혈루증을 앓던 여인과 접촉한 예수는 속된 상태가 되어야 한다. 거룩한 것이라고 해도 속된 것과 접촉하면 거룩함을 상실한다는 것이 레위기 정결법의 원칙이기 때문이다. 하지만 성경은 도리어 혈루증을 앓던 여인의 병이 치료되고 거룩해졌다고 기록한다.

> 예수께서 돌이켜 그를 보시며 이르시되 "딸아. 안심하라. 네 믿음이 너를 구원하였다" 하시니 여자가 그 즉시 구원을 받으니라(마 9:22).

이는 당시 바리새인들이 고집스럽게 지키면서 사람을 차별하는 데 악용한 정결법 공식이 뒤집히는 장면이다. 거룩한 것이 속된 것과 접촉함으로써 속된 것으로 전락하는 것이 아니라 오히려 거룩한 것이 속된 것을 거룩하게 바꿔버린 사건! 어쩌면 이 사건은 하나님이 궁극적으로 이스라엘에 기대했던 진의를 드러내었다고도 볼 수 있다. 예수가 거룩한 것을 통해 새로운 거룩함을 만드시는 사례는 이 외에도 복음서 곳곳에 등장하기 때문이다.

예수는 세리와의 접촉, 사마리아인과의 접촉, 한센병자와의 접촉을 통해 새로운 정결 공식을 보여주셨다. 이는 예수가 하나님의 목적과 의도를 정확히 반영한 "이스라엘" 그 자체셨다는 것을 의미한다. 예수는 제자들에게 하나님 나라의 삶의 공식인 팔복의 삶을 통해 세상의 빛과 소금이 되라고 말씀하신다. 이 명령은 세상과 결별한 채 이분법적인 삶을 사는 에세네 집단처럼 자폐적으로 광야에 거주하지 말고 "세상"에 속하되 그 세상의 빛이 되라는 의미다.

그런데 예수의 제자가 세상에서 "빛"의 역할을 한다는 것은 이 세상이 어둠에 물들어 있는 상태라는 것을 전제한다. 즉 하나님 나라를 세운다는 것은 어두운 세상과 분리되어 새로운 세상에서 사는 것이 아니라 어두운 세상에서 하나님의 방식으로 살아가는 것을 의미한다고 볼 수 있다.

한편, 예수의 공식으로 하나님 나라와 세상과의 관계를 도식으로 나타내면 다음과 같다.

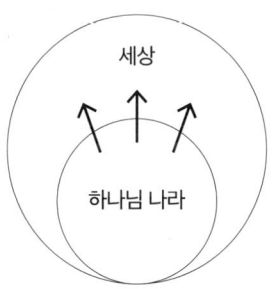

성경에 등장하는 그리스도인들의 문화는 본래 구제, 억울한 자를 위한 신원, 희년 실천, 불의에 대한 탄원, 노예 해방, 식탁 나눔 등 일상에서의 선행 및 정의와 공의에 입각한 삶의 일상화가 핵심

요소였다. 게다가 그것은 교회 문화가 아닌 그들의 일상 문화였다. 따라서 예수가 "에세네파" 같은 분리주의자와는 다른 입장에서 당시 시대와 문화 속에서 새로운 대안을 모색했다는 사실은 분명하다.

제자 공동체에 적용된 새 정결 공식

예수의 죽음 이후 제자 공동체에게 정결법은 어떤 의미였을까? 제자들은 예수와 함께 새로운 하나님 나라의 가르침을 보고 듣고 배웠지만 여전히 뼛속 깊이 유대인이었다. 사도행전 10장에는 그에 관한 생생한 증언이 기록되어 있다. 베드로는 이방인 고넬료를 만나기 전에 지붕에서 기도하다가 환상을 본다.

> 11하늘이 열리며 한 그릇이 내려오는 것을 보니 큰 보자기 같고 네 귀를 매어 땅에 드리웠더라. 12그 안에는 땅에 있는 각종 네 발 가진 짐승과 기는 것과 공중에 나는 것들이 있더라. 13또 소리가 있으되 "베드로야, 일어나 잡아먹어라" 하거늘(행 10:11-13).

베드로는 환상 중에 율법이 금하고 있는 짐승을 잡아먹으라는 말씀을 듣는다. 이 환상에 베드로는 다음과 같이 반응한다.

베드로가 이르되 "주여, 그럴 수 없나이다. 속되고 깨끗하지 아니한 것을 내가 결코 먹지 아니하였나이다" 한대(행 10:14).

베드로는 속되고 깨끗하지 아니한 것을 먹을 수 없다고 대답한다. 이 환상 이야기에서 베드로는 앞서 예수와 논쟁한 바리새인들 및 서기관들과 다를 바 없는 정결관을 보인다. 하지만 베드로는 이 환상을 본 후 결국 이방인인 고넬료와 식탁 교제를 한다. 이 환상이 보이지 않는 벽을 허무는 중요한 계기로 작용한 것이다.

유대인으로서 이방인과 교제하며 가까이하는 것이 위법인 줄은 너희도 알거니와 하나님께서 내게 지시하사 "아무도 속되다 하거나 깨끗하지 않다 하지 말라" 하시기로(행 10:28).

사도행전 10장 이야기에서 예수가 뒤집으신 정결법은 이방인과 유대인의 벽을 허무는 데 중요한 역할을 한다. 기원후 1세기 교회에서 가장 큰 이슈로 언급되는 이방인과 유대인 간 식탁 교제에 따른 문제는 바울의 편지에서 빈번하게 등장한다. 예수가 뒤집으신 정결법 공식은 물이 고여 썩어가는 웅덩이에 새로운 물길을 대는 듯한 중요한 가르침이었고 그 덕분에 교회는 성과 속의 경계를 무너뜨리기에 이른다. 또한 이로써 하나님 나라와 세상의 경계선에 교회가 위치하게 된다.

뼛속까지 유대인이었던 제자들이 극복하기 힘들었던 정결 공식은 예수에 의해 뒤집어졌고 이후 제자들은 세상과 자유롭게 교제하면서 이전과는 달라진 자세로 하나님 나라를 확장해갔다. 따라서 정결법에 관한 예수의 가르침은 하나님 나라를 세우는 데 있어 가장 중요한 가르침이라고 할 수 있다.

지금까지 우리는 예수가 뒤집은 정결 공식을 통해 이방인과의 경계를 허무는 데 성공한 제자들의 이야기를 살펴보았다. 이처럼 하나님 나라의 정결 공식은 고립되기 위한 공식이 아니라 거룩함을 확장하기 위한 공식이다.

세상을 이분법적으로 바라보는 방식은 예수에 의해 새롭게 갱신되었다. 따라서 세상에서 빛과 소금의 역할을 하기는커녕 사회 부적응자로 고립되어가는 청년들이 본래의 역할을 감당하기 위해서는 세상과 하나님 나라의 경계에 서서 좀 더 적극적으로 세상과 접촉해야 한다. 또한 정의와 공의가 사라진 어둠으로 가득 찬 세상에 하나님 나라와 의를 구현하기 위해 지혜를 모아야 한다.

여기서 한 가지 주의해야 할 점은 세상과 접촉하더라도 자칫 스스로 속된 것이 되지 않도록 적절한 훈련이 필요하다는 것이다. 후방에서 제대로 훈련받은 군인이 최전선에서 전투를 이끌 수 있듯이 경건함을 유지하기 위해서는 충분한 훈련을 거쳐야 한다. 그런 후에야 성숙한 그리스도인으로서 세상과 하나님 나라의 경계에 서서 적극적으로 하나님 나라를 확장해갈 수 있다.

문제는 지금의 교회가 추구하는 경건함이 세상과는 지나치게 동떨어져 있다는 것이다. 오늘날 교회에는 성숙한 그리스도인일수록 세상과의 접촉을 꺼리고 은둔한 채 신앙생활을 하는 경향이 팽배해 있다. 하지만 에베소서 6장의 말씀처럼 교회의 진정한 역할은 하나님의 전신갑주를 입고 세상과의 경계에 서서 치열하게 하나님 나라를 확장하는 것이다. 우리가 경건 훈련과 말씀의 훈련을 받는 진짜 이유도 바로 이것이다. 곧 세상과의 경계에서 멀어져 속세와 분리된 삶을 살아가기 위함이 아니라 치열한 전쟁터로 나아가 경계선에서 살아가기 위해서다.

> 기독교의 폭력성은 나와 "다르면" 적으로 간주하는 생각에서 나온다. 반면 기독교의 사랑은 나와 "다른" 그를 이해하는 마음에서 나온다.

15장

노마드 교회

노마드의 삶

유목민(nomad)은 본래 중앙아시아, 몽골, 사하라 등 건조한 사막지대에서 목축을 업으로 삼고 물과 풀을 따라 옮겨 다니며 사는 사람들을 말한다. 반면 현대의 유목민이라 일컬어지는 이들은 디지털 기기를 들고 다니며 시공간의 제약을 받지 않고 자유롭게 사는 사람들을 뜻한다.*

한편, 이 책에서 말하는 노마드란 정처 없이 떠도는 방랑자가 아닌, 불모지를 새로운 생성의 땅으로 바꿔가는 사람들을 의미한다.

성경을 살펴보면 생각보다 많은 부분에서 정착 생활보다 유목민으로서의 삶을 다룬다는 사실을 알 수 있다. 첫 인류인 아담과 하와 역시 에덴이라는 특정 공간에서 창조되었지만 성경 어디에도 그곳에 정착하라는 명령은 없다. 오히려 그들이 하나님께 받은, 생육하고 번성하여 충만하라는 명령은 정착보다는 확장하라는 명령에 더 가깝다. 이어서 인류의 첫 정착지라고 할 수 있는 가인이 쌓은 성도 긍정적인 평가를 받지 못했다.

반면, 가인과는 반대로 셋의 족보에는 어디에도 영구히 정착하려는 시도가 보이지 않는다. 아브라함 역시 하나님이 지시하신 땅

---

* 이현영, 『콘셉트 커뮤니케이션』(커뮤니케이션북스, 2014)의 내용을 참고했다. "네이버 지식백과"의 "노마드"(Nomad) 항목을 확인하라.

으로 가지만 한 장소에 정착하려고 하지 않는다. 아마도 가인 이후 성경에서 첫 번째로 정착이 이루어지는 곳은 애굽으로 추정된다. 다만 애굽에서의 정착은 기근으로 인한 것이며 따라서 의도하지 않은 정착이다. 더욱이 출애굽 이후 이스라엘은 40년 간 광야에서 수렵, 채취와 목축을 병행하며 유목민으로서 살아간다. 광야 생활의 중심이었던 성막 역시 유목민 생활에 걸맞게 언제든지 옮길 수 있는 구조로 만들어졌다.

이스라엘이 유목민 생활을 청산하고 정착 농경 사회로 탈바꿈하게 된 것은 가나안 입성 이후다. 이에 따라 성막 역시 더 이상 이동할 필요가 없는 성전으로 변화했는데 성경은 이때부터 이스라엘이 급격히 변질했다고 기록한다.

> 이스라엘 자손이 여호와의 목전에 악을 행하여 자기들의 하나님 여호와를 잊어버리고 바알들과 아세라들을 섬긴지라 (삿 3:7).

이스라엘은 가나안 정착 후 농사의 신을 섬기는 등 우상숭배에 빠지고 말았고 동시에 잉여 자원의 활용 문제 및 사회 양극화 현상에 따른 문제에 봉착하게 된다. 게다가 앞서 정착한 나라들의 모델을 본 따 왕정 사회로 전환되기에 이른다. 이런 문제는 유목민 시절에는 발생하지 않았다. 따라서 이스라엘의 타락과 몰락은 정착 생활로 인한 여러 사회문제와 왕정 체제에서 일정 부분 원인을 찾아

볼 수 있다. 더구나 여러 가지 사회문제를 겪으며 결국은 하나님을 배신하게 되는 결과에까지 이른 만큼 정착 사회로의 전환은 이스라엘에게 독으로 작용했다고 볼 수 있다. 광야에서 유랑하던 시절에는 이스라엘이 믿을 수 있는 존재가 하나님밖에 없었지만 정착 이후에는 상황이 달라졌기 때문이다.

성경이 정착보다 유목 생활에 대해 호의적인 평가를 내리는 이유는 유목민 특유의 삶의 태도 때문이라고 볼 수 있다. 하나님은 가나안 정착을 목전에 둔 이스라엘에게 저수지를 만드는 대신 비를 기다리라고 명령하셨다. 이는 하나님이 정착은 하되 유목민적인 삶의 자세를 유지하기를 원하셨다는 의미다. 농업 사회에서 하나님이 내려주시는 비를 기다리라는 말의 의미는 기다릴 줄 아는 여유와 느긋함을 갖추라는 뜻이다. 그것이 곧 하나님을 의지하는 방식이기 때문이다.

즉 유목민적인 삶을 살아간다는 것은 단순히 방랑하면서 살아가는 것이 아니라 하나님을 의지한다는 의미이며 이것은 "소유"에 인생의 목적을 두지 않고 만물의 주인이 하나님이심을 인정하는 가운데 최소주의를 선택한다는 뜻이다. 따라서 유목민적 삶의 가장 큰 특징은 하나님을 온전히 의지하는 것이라고 볼 수 있다.

한편, 성경에 등장하는 첫 번째 땅은 에덴이며 여기서 거주하는 아담과 하와는 생육과 번성, 정복과 다스림의 명령을 받았다. 그리고 창세기 2장에서 이들은 경작과 지키는 역할을 부여받는다. 하지만 성경은 어디에서도 아담과 하와에게 에덴을 소유하라고 말하지 않는다. 마찬가지로 아브라함에게도 "지시할 땅"으로의 이주 명령이 내려질 뿐 구체적인 땅의 이름은 주어지지 않는다. 더구나 그 땅에 거주할 수 있다는 "허락"은 떨어지지만 그것은 "소유"의 의미가 아니었다. 즉 가나안 정착기를 통틀어 이스라엘에게 주어진 역할은 땅을 소유하는 것이 아니라 관리하는 것이었다.

> 토지를 영구히 팔지 말 것은 토지는 다 내 것임이니라. 너희는 거류민이요 동거하는 자로서 나와 함께 있느니라(레 25:23).

성경에서 인간과 땅에 대한 인간의 지위는 처음부터 끝까지 "거류민"이다. 그런데 에덴의 거류민인 아담과 하와는 하나님처럼 되고자 했고 그것은 곧 왕에 대한 반역이자 땅의 주인에 대한 반역이었다.

또한 가나안 정착기 시절 이스라엘은 왕을 세우고 그 땅을 소유하고자 한다. 이런 패턴은 이스라엘이 포로기 직전 "심판"의 예언을 거부하고 어떻게든 그 땅을 지키려고 집착하는 모습에서도 잘 드러난다. 이스라엘의 이런 실책은 현재 우리가 하나님 나라를 어떻게 이해하며 살아야 하는지에 대한 중요한 통찰력을 제공한다. 즉 성경이 말하는 하나님 나라는 "토지"를 확장하고 소유하는 개념이 아님을 말해주는 것이다.

노마드 교회

거류민은 마땅히 그 땅에서 거둔 수확물에 대한 세금을 주인에게 바쳐야 한다. 다시 말해 하나님 나라의 백성은 거류민으로서 받은 은혜를 그 땅에 거류하는 사람들에게 갚아야 한다. 신약성경은 우리가 주인에게 받은 은혜가 크기 때문에 우리도 다른 이에게 은혜를 베풀어야 한다고 명시한다.

> 우리가 우리에게 죄 지은 자를 사하여준 것 같이 우리 죄를 사하여주시옵고(마 6:12).

예수가 가르쳐주신 기도 중 "죄 지은 자를 사하여준 것"이라고 번역된 구절은 정확히 말하면 죄가 아니라 빚을 탕감해준다는 의미다.

> And forgive us our debts, as we also have forgiven our debtors(ESV).

즉 이 말씀은 채무자와 채권자 사이에 관한 이야기다. 여기서 빚을 기꺼이 탕감해줄 수 있는 이유는 나 자신이 탕감 받은 빚이 너무 크기 때문이다(마 18:21-35).

따라서 교회는 하나님 나라를 땅의 개념으로 오인한 채 땅을 정복하고 소유하려고 할 때 오히려 타락의 길을 걷게 된다는 사실을 명심해야 한다. 이 문제를 오늘날의 삶에 적용하면 하나님 나라의 백성이라고 할 수 있는 성도들을 교회에 붙잡아두거나 교회 건축과 확장이 곧 하나님 나라의 확장인 양 말하며 본질을 훼손하는 행태들을 경계해야 한다는 것이다.

이 책이 말하는 노마드 교회란 대한민국에 정착했지만 이 땅의 참된 주인이 누구인지를 인식하고 오로지 거류민으로서 살아가는 성도나 지역 교회를 뜻한다. 다시 말해 대한민국이라는 나라에서 살지만 하나님 나라의 백성으로 살아가는 동시에 개 교회를 넘어 세상과 하나님 나라의 경계에 서서 살아가는 삶이 진정한 하나님 나라의 백성으로서의 삶이다. 또한 이런 태도는 성경이 묘사하는 하나님 나라 백성의 모델에도 부합한다.

한편, 예수는 정착형 교회의 모델인 성전을 허물고 예수 자신이 성전이 되는, 움직이는 성전의 모델을 새롭게 제시하셨다. 예수는 끊임없이 "길"을 걸어갔고 그 길 위에서 "가르침"을 주셨다. 그의 신학은 그야말로 "길 위의 신학"이었던 셈이다.

구약에서의 성전은 하나님이 허락하신 모델이긴 했지만 결코 하나님이 원하신 모델은 아니었다. 예수는 어느 틈에 건물로 대체된 낡은 개념의 성전을 허물고 새로운 통치 체계를 정립하셨다. 그 결과 하나님 나라는 성전 그 자체가 아니라 예수의 통치를 받는 자의 삶을 통해 이 땅에 세워진다.

아버지께 참되게 예배하는 자들은 영과 진리로 예배할 때가 오나니 곧 이 때라. 아버지께서는 자기에게 이렇게 예배하는 자들을 찾으시느니라(요 4:23).

예수를 통해 성전은 일상과 일터의 영역에 편입되었고 가정으로도 들어왔다. 내가 이 책에서 말하는 노마드 교회도 이와 다르지 않다. 개인으로서의 성전이 모여 공동체적 교회를 이루고 다시 흩어지면서 형성되는 것이 바로 노마드 교회다. 따라서 노마드 교회는 모임과 흩어짐이 유기적으로 일어나야 한다. 예수도 제자들에게 언제든지 이동할 수 있도록 최소한의 필수품만으로 짐을 꾸리라고 말씀하셨다.

9너희 전대에 금이나 은이나 동을 가지지 말고 10여행을 위하여 배낭이나 두 벌 옷이나 신이나 지팡이를 가지지 말라. 이는 일꾼이 자기의 먹을 것 받는 것이 마땅함이라(마 10:9-10).

어디에 살건 예수의 통치를 받는다면 그곳이 바로 하나님 나라다. 그러므로 하나님은 이제 노마드 교회를 통해 하나님의 거룩함을 전파하고 통치를 확장해가실 것이다. 또한 이것이 바로 내가 생각하는 미션얼 처치다.

하지만 오늘날의 대한민국 교회는 움직이는 교회가 아니라 유형적 교회만을 꿈꾸며 정착을 시도한다. 대형 교회를 꿈꾸는 많은 교회들이 지역 사회의 종교적 상권을 약탈하면서 영원한 정착을 위해 곳곳에 건물을 짓고 있다. 수많은 성도가 기독교 문화와 교회 건물로 이루어진 견고한 틀에 갇혀 이분법적인 삶을 살아가고 있다. 교회 건물에 갇혔다는 말이 지나친 표현일지 모르지만 주일 예배 외에도 수없이 많은 주중 예배를 만들고 그 예배에 모두 참석해야 복을 받는다고 생각하는 사람들이 우리 주위에 적지 않은 것이 사실이다.

물론 모임 장소로서 건물의 역할을 부정하는 것은 아니다. 하지만 수십 억에서 수백 억 원에 이르는 비용을 들여 땅을 매입하고 건물을 짓는 것은 필연적으로 건물 중심의 공동체를 등장시킨다.

"최대한 교회에 오래 있게 해라."
"교회가 활력 있게 보이게 해라."
"사람이 없어도 불을 켜놓아라."

이런 지침(?)은 나만 들어본 것은 아닐 것이다. 오히려 이 지시 사항들은 교회 수뇌부에서 공공연히 나온다. 언뜻 들으면 이는 흡사 백화점 오너의 지시 사항과도 유사하다. 반대로 이런 신앙생활에 지쳐 (공적 예배에 참여하지 않는) "가나안 성도"가 된 사람도 많다. 신앙을 잃지는 않았지만 지나친 구속과 목회자 문제, 관계 문제 등으로 인해 공동체적 교회를 떠나 단독으로 신앙생활을 추구하는 사람들이 늘었다. 실제로 내 주위에도 이런 청년들이 꽤 있다. 하지만 나는 이들을 가나안 성도라 부르지 않는다. 되려 "행복 난민"이라고 부른다. 난민이 되어 아직은 떠돌고 있지만 그들 안에는 진정한 신앙생활을 위한 고민도 함께 있기 때문이다. 나는 오히려 "행복 난민"을 자청한 많은 그리스도인에게 한국교회의 희망이 있다고 생각한다.

지역 교회와는 달리 노마드 교회는 어느 한 가지 양태를 택할 수 없다. 따라서 하나님의 통치를 받는 백성들의 모임으로서 교회를 세운다면 그것은 자연스럽게 노마드 교회의 모습을 띨 것이다. 노마드 교회는 모임과 흩어짐을 통해 하나님 나라를 확장한다. 그리고 우리가 노마드 교회를 세워야 하는 이유도 바로 이것이다. 언제든 성막을 걷어 일상으로, 일터로, 가정으로 나아갈 수 있어야 하는 것이다.

> 유목민은 불모지를 새로운 생성의 땅으로 바꿔가는 사람들이다. 노마드 교회는 복음의 불모지인 일터와 가정을 새로운 땅으로 만드는 교회다.

16장

이 땅에 남겨진 노마드

미니멀리즘

예수의 죽음 이후 이 땅에 남겨진 제자들은 방랑의 삶을 시작한다. 하나님 나라와 세상 나라의 경계에 선 채 아슬아슬한 줄타기를 하며 정착보다는 유랑하는 삶을 살아간다.

예수는 제자들에게 최소한의 소유만을 허락하고 전도 훈련을 시키기도 하셨다. 이는 아마도 자신의 죽음 이후에 남겨질 제자들의 삶의 방식을 미리 가르치기 위한 것이었을지도 모른다.

사사키 후미오의 저서 『나는 단순하게 살기로 했다』(비즈니스북스, 2015)는 일본은 물론 한국에도 미니멀리즘(minimalism)의 가치를 알리는 전도사 역할을 했다. 후미오에게 미니멀리즘이란 소중한 것을 위해 "줄이기"를 실천한다는 의미다.

현재 내가 살고 있는 집은 미니멀리즘과는 거리가 멀다. 각종 논문, 책, 버리지 않은 서류들까지 온갖 문서로 뒤덮여 있기 때문이다. 사실 충분히 버려도 될 만한 종잇조각까지 잘 버리지 못하고 모아 놓는 바람에 집은 발 디딜 틈도 없이 복잡하다.

그런데 집만큼이나 내 머릿속도 복잡하다. 미래에 대한 걱정과 학업에 관한 고민, 각종 학설과 복잡한 신학 담론으로 늘 머리가 복잡하다. 단순함을 추구하며 최소주의 방식으로 살면 보이지 않는 것을 보게 된다는 후미오의 주장에 공감은 되지만, 나는 미래에 대한 불안감 때문에 지푸라기라도 잡고 싶은 심정인지 머릿속의 여러 생각과 집안의 서류 뭉치를 버리지 못하고 있다. 혹시라도 소중한 자료를 실수로 버릴까 봐 걱정하는 건 아닐까 하는 생각은 들지만 사실 애초에 그만치 중요한 생각이나 서류 뭉치는 존재하지 않는다.

예수의 미니멀리즘

예수는 제자들을 파송하면서 전대나 배낭이나 신발을 가지지 말라고 명하셨다(눅 10:4). 이것이야말로 진정한 미니멀리즘이 아닌가? 낯선 곳에 무방비 상태로 준비 없이 최소한의 채비만 갖추고 가라 하는 것은 무책임함이 아니라 "최소주의"에 대한 예수의 획기적인 신념을 여과 없이 드러낸다.

예수가 실천하신 최소주의는 복음서 곳곳에서 발견된다. 돌베개를 베고 자는 모습이나 물통도 없이 우물가에서 물을 달라 청하는 장면을 보면 그가 별다른 채비 없이 돌아다녔다는 것을 충분히 짐작해볼 수 있다.

그렇다면 예수는 제자들에게 "최소주의"를 요구하셨을까? 예수의 비유 중 겉옷을 달라고 하면 속옷까지 주라는 가르침과 부자가 천국에 가기는 낙타가 바늘귀를 통과하는 것만큼이나 어렵다는 가르침, 천국은 좁은 길과 좁은 문을 통해 갈 수 있다고 하신 말씀을 보면 전부 좁은 것, 작은 것, 주는 것에 관한 이야기뿐이다. 솔직히 말하면 이런 사람은 별로 친구로 삼고 싶지 않다.

그런데 아마도 예수는 자신이 가르치신 대로 무엇을 먹을까, 무엇을 마실까, 무엇을 입을까 염려하지 않아도 되는 것을 제자들이 몸소 체험하길 바라신 것은 아닐까 싶다. 하나님의 나라와 그의 의를 위한 일에 하나님이 모든 것을 더하신다는 사실을 체험해보라는 실습 차원의 훈련이었을지도 모를 일이다.

또한 구약에 등장하는 이스라엘 백성의 광야 생활은 그야말로 미니멀리즘을 위한 훈련이었다고 볼 수 있다. 하나님은 가진 것도 별로 없는 백성들을 낮추며 주리게 하셨을 뿐만 아니라 내일 먹을 양식도 저축하지 못하게 하셨다. 가히 그 아버지에 그 아들이라고 할 수 있다.

한편, 요즘 청년들은 "안전"과 "안정"을 확보하기 위해 애쓰고 있다. "안정"이라는 보물을 찾기 위해 공부 중독이라는 독극물을 마신 줄도 모르고 살아간다. 또한 보물을 쟁취하기 위해 "자아"는 과감히 포기해버린다. 신자유주의 시대에 "내 것"을 포기하는 것은 자살행위다. 하나라도 더 모아야 경쟁에서 이길 수 있기 때문이다. 결핍에 빠진 인간에게 자유지상주의라는 뱀은 결핍감을 자극하며 경쟁을 유도한다.

버릴 때 비로소 보이는 것들이 있다는 주장은 달콤해 보이나 "군 생활 금방 끝나"라는 말처럼 믿기 어렵다. 나도 청년들 강의에서는 항상 버려야 하나님의 은혜를 맛볼 수 있으니 움켜쥔 손을 펴자고 외치지만 정작 스스로는 많은 것을 버리지 못하고 있다. 자유

경쟁 시대에 잠시 멈추고 버린다는 것은 100미터 달리기에서 넘어지는 것과 다름없기 때문이다. 달리기를 하다가 넘어진 사람을 위해 잠시 멈추었다가 같이 가는 장면은 감동을 줄지 모르나 현실 세계에서 실제로는 기대하기 어렵다.

하나님 나라는 이 땅에 성을 쌓아 만드는 인간의 제국이 아니다. 하나님 나라는 하나님의 통치를 통해 실체를 나타내지만 그것이 건물이나 땅을 의미하지는 않는다. 이 땅에서 하나님 나라의 삶을 살아가는 이들에게 중요한 삶의 지침은 최대주의가 아니라 최소주의다. 하나님 나라는 부동산 투기처럼 땅을 정복하는 싸움에 집착하거나 더 많은 자본을 얻기 위해 불필요한 스펙을 쌓아가는 삶이 아니다. 또한 하나님 나라는 소비를 통해 자신의 지위와 권력을 과시하려는 삶과 거리가 멀다. 고급 세단 승용차를 싫어할 남자가 어디 있겠는가? 고급스러운 인테리어로 꾸며진 주방과 명품 액세서리를 마다할 여자가 어디 있겠는가? 하지만 사람들이 이런 것에 집착하는 이유는 내가 소유한 물질이 나를 세상에 알리는 지표가 된다고 생각하기 때문이다.

하나님 나라의 백성에게 최소주의는 나 자신의 유익뿐만 아니라 이웃과의 상생을 위해 반드시 필요한 삶의 양식이다. 이런 삶의 방식은 유목민적인 삶의 자세와 비슷하다. 그래서 이 책의 이름이 "노마드 교회"가 되었다.

노마드는 공간의 제약을 받지 않고 자유롭게 살아가는 사람들,

제한된 가치와 삶의 방식에 매몰되지 않고 끊임없이 자신을 바꾸어 가는 사람들이다. 물론 21세기 노마드는 전자 제품을 통해 시공간을 초월하는 직업인을 지칭하기도 하지만 이 책에서는 유목민 그 자체의 의미에 집중했다.

이 땅에 발 딛고 살지만 정착을 목표로 삼지 않고 하나님의 통치 영역에서 자유를 누리는 삶, 그것이 하나님 나라의 경계를 살아가는 노마드적인 삶이라고 할 수 있다. 우리는 "가나안 성도"가 아니라, 세속화되어버린 교회에서 떠나 행복한 난민이 되기로 작정한 노마드다.

노마드적인 미니멀리즘은 이루기 힘든 이상에 불과할까? 나는 그렇지 않다고 생각한다. 물론 최소한의 것만 소유한다는 원칙을 개개인이 따로 실천하기는 어렵다. 하지만 교회라는 공동체를 통해서라면 가능하다. 하나님은 다행히 개인이 아니라 공동체를 자신의 백성으로 삼아주셨다. 아담이 혼자 있는 것이 보기 좋지 않아 그에게 돕는 배필을 주셨듯이 말이다.

교회 공동체에서는 좀 쉬어 가면 어떨까? 바쁨과 경쟁이 사라진 공동체의 모습이 어떨지 상상해보라. 공동체의 성장이 지체되는 이유가 구성원들의 출발선이나 발걸음이 다르기 때문이라면 잠시 기다려주면 어떨까? 나보다 취업이 늦어지는 친구를 위해, 더 앞서가려고 노력하는 것이 아니라 그 친구도 함께 갈 수 있도록 잠시 기다려주는 것은 어떨까? 나 혼자만 버리라면 못 버린다. 하지만 같이 버린다면 시원하게 버릴 수 있다. 함께 나그네의 삶을 그려보는 것도 괜찮지 않을까? 함께 버리고 함께 누리자.

기독교의 진정한 기적은 피 한 방울 섞이지 않은 사람들이 형제와 자매가 되는 것이다.

17장

경계에서 살아가는 공동체의 기도

건널 수 없는 다리

청년 사역을 하다 보면 가끔 반 동성애, 반 이슬람, 반 진화론 등을 강력하게 주장하는 청년들을 만난다. 이들은 그 누구보다 전투력이 좋다. 이들과 토론을 벌이면 마치 내가 예수를 믿지 않는 사람처럼 되어버리기도 한다. 이들에게 반 동성애와 반 이슬람, 반 진화론은 곧 신앙의 고백이다. 이들 앞에서 동성애를 옹호하는 듯한 발언을 하면 그 자리에서 종교재판을 받게 된다. 사실 그런 주장들을 내세우는 사람과는 토론의 여지조차 없다. 마치 극우와 진보가 건널 수 없는 다리에서 마주보게 되는 것처럼 말이다.

그런데 양쪽 진영 사람들의 이야기를 듣다 보면 각기 나름대로 성경에 근거하여 자기 주장을 펼치고 있다는 것을 알 수 있다. 동성애를 옹호(여기서 옹호는 동의나 권유가 아니다)하는 사람은 예수의 포용적 사랑을 강조하고 반 동성애를 주장하는 사람은 소돔과 고모라의 심판 혹은 바울의 입장에서 말한다. 그러다 보면 대화는 동성애가 죄냐, 아니냐로 이어져 극렬한 대립으로 나아가게 된다.

물론 대중서로 쓰인 이 책에서 양측의 주장 중 어느 한쪽의 손을 들어주기는 어렵다(이렇게 말하면 분명 동성애 옹호자라고 비난하는 사람이 있을 테지만 어쩔 수 없다). 그런데도 이 얘기를 꺼낸 이유는 기독교의 대응이 어떤 까닭에서도 "폭력"적이어서는 안 되기 때문이다.

우선 마치 동성애나 이슬람과의 싸움이 기독교의 가장 큰 사명인 것처럼 호도하여 과도한 우려와 혐오를 조장해서는 안 된다. 교회가 감당해야 할 하나님 나라의 사명만 해도 차고 넘칠 지경인데 이 두 가지 쟁점에 집착하는 그리스도인들을 볼 때면 기분이 착잡해진다. 더구나 양쪽 진영의 이야기를 들어보면 대부분 정상적인 토론이 아닌 비아냥과 조롱으로 흐를 때가 많다. 종교재판을 열려는 사람들과 상대를 무식한 극우주의자라고 조롱하는 사람들이 서로 치열하게 싸우는 양상이다. 이런 이념의 대립으로 기독교 또한 진보와 보수로 나뉘어 분열하고 있다. 교회 안에서 이념의 벽이 얼마나 높은지는 이 책을 읽고 있는 독자들도 잘 알 것이다. 초기 교회에서의 가장 큰 대립이 유대인과 이방인의 식탁 교제 문제였다면 지금 교회에서 가장 큰 대립은 보수와 진보의 이념 대립이다.

내 말이 너희 안에 거하면

예수는 이 땅에 남겨질 제자들에게 "고별 강화"를 남기셨다. 이 고별강화는 예수의 가르침을 직접 받은 제자들은 물론 요한복음을 통해 가르침을 받은 교회에도 지대한 영향을 미쳤을 것이다. 예수는 고별 강화를 통해 자신의 죽음 뒤에 하나님 나라의 백성으로서 세상과의 경계에서 살아갈 제자들이 갖춰야 할 가장 중요한 덕목을 알려주셨다.

고별 강화의 일부인 요한복음 15장에서 예수는 자신과 제자의 관계를 포도나무와 가지의 예로 설명하신다. 구약에서는 언약으로 맺어진 관계를 포도나무와 가지에 비유하는 장면이 자주 등장한다. 이 예화에서 가장 중요한 것은 포도나무가 농부의 의도에 맞는 열매를 맺어야 한다는 것이다. 다시 말해 하나님 나라와 계약을 맺은 백성에게 하나님 나라의 가치에 따른 삶의 모습은 "신분"을 말해주는 중요한 지표라고 할 수 있다. 요한복음 15장에서 예수는 포도나무 비유를 통해 자신과 제자의 관계를 설명하면서 "열매"를 통해 그 관계를 증명할 수 있음을 알려주신다. 그리고 그 관계에 걸맞은 "기도" 역시 가르쳐주셨다.

> 너희가 내 안에 거하고 내 말이 너희 안에 거하면 무엇이든지 원하는 대로 구하라. 그리하면 이루리라(요 15:7).

요한복음 15장의 고별 강화에 담긴 "기도 응답"의 약속은 이 땅에 남겨질 제자들에게 큰 위로와 힘이 되었을 것이다. 어쩌면 예수의 가르침을 직접 들은 제자들은 예수의 고별인사를 눈치채지 못하고 기도의 필요성도 깊이 느끼지 못했을지 모른다. 하지만 예수의 죽음 후에 이 어록은 제자들에게 매우 중요한 의미를 가졌을 것이다. 또한 요한복음을 읽고 들은 교회에도 이 말씀은 큰 영향을 주었을 것이다. 그런데 우리는 이 기도 응답의 약속이 뒤에 남겨질 제자와 교회에 어떤 영향을 미쳤는지를 살펴보기 전에 이 말씀이 담고 있는 진짜 의미를 먼저 살펴볼 필요가 있다.

"무엇이든지 원하는 대로 구하라. 그리하면 이루리라."

이 말씀을 잘못 읽으면 기도가 도깨비 방망이인 줄로 오해할 수도 있다. 사실 이 구절은 믿음으로 기도하면 무조건 응답받는다는 확신을 주는 데 사용되는 대표적인 구절이기도 하다. 하지만 보통 사람들은 이 말씀을 볼 때 중요한 부분을 간과한다. "무엇이든지 원하는 대로 구하라. 그리하면 이루리라"는 약속은 "조건"이 충족되어야 가능하다는 사실이다.

예수는 무엇이든 원하는 대로 구하기 전에 "너희가 내 안에 거하고 내 말이 너희 안에 거해야" 한다고 말씀하신다. 즉 이 조건이 충족되어야 무엇이든 원하는 대로 구할 자격이 주어지는 것이다. 그렇다면 너희가 내 안에 거하고 내 말이 너희 안에 거하는 방법은 무엇인가? 쉽게 말해 "거하는" 방법은 무엇일까? 예수는 그 방법을 다음과 같이 가르치셨다.

> 9아버지께서 나를 사랑하신 것 같이 나도 너희를 사랑하였으니 나의 사랑 안에 거하라. 10내가 아버지의 계명을 지켜 그의 사랑 안에 거하는 것 같이 너희도 내 계명을 지키면 내 사랑 안에 거하리라(요 15:9-10).

"거하는" 방법은 계명을 지키는 것이다. 예수는 하나님 안에 거하기 위해 계명을 지키셨고, 이제 제자들이 예수 안에 거하기 위해서는 예수의 계명을 지켜야 한다. 그러므로 그 계명이 삶 속에서 구현될 때 비로소 예수 안에 거할 수 있다. 그렇다면 그 계명은 어떤 계명을 말하는 걸까? 바로 "서로 사랑"하는 것이다.

> 내 계명은 곧 내가 너희를 사랑한 것 같이 너희도 서로 사랑하라 하는 이것이니라(요 15:12).

서로 사랑하라

"서로 사랑하라"는 계명은 요한복음 15:12에 앞서 13:34-35에서도 언급되었다. 그리고 이것이 바로 예수가 제자들과 교회에 요구한 궁극적 명령이었다. 즉 서로 사랑하는 것이 가능할 때 무엇이든지 원하는 대로 구하면 응답받을 수 있다는 말이다.

그런데 우리의 기대와는 달리 "무엇이든지"라는 표현은 "서로 사랑"하기 위한 조건에 예속되는 말로 보인다. 즉 예수는 이 땅에 남겨질 제자 공동체의 "결속"을 위해 가장 중요한 가르침인 "서로 사랑하라"는 명령을 지키기 위해 무엇이든지 구하라고 말씀하신 것이다. 그 결과 이 말씀을 직접 들은 제자들과 그들이 전한 문서 또는 구전을 통해 말씀을 전해들은 교회는 예수와의 관계에서 행하는 "기도"를 조금 색다르게 받아들인 것으로 보인다.

학자들은 요한복음이 그리스도인들이 "회당"에서 축출당하던 시기에 작성되었을 가능성을 제기해왔다. 따라서 이 시기에 "서로 사랑하라"는 명령은 유대 형제들과의 이별과 새로운 형제로서 환영해야 하는 이방인들과의 만남을 앞둔 초기 기독교인들에게 매우 중요한 가르침이었을 것이다.

바울의 편지와 사도행전에 등장하는, 이방인과의 식탁 교제에 따른 문제를 해결하기 위한 가장 중요한 방법 하나는 바로 "기도"였다. 더 나아가 성과 속이 만났을 때 거룩함이 승리하기 위해서 "기도"는 필수적이었다.

"서로 사랑"하기 위한 "기도"는 하나님 나라 백성의 신분으로 세상에 속해 살아야 하는 제자 공동체가 "세속"화되는 것을 막고 하나님 나라를 확장하기 위해 필요한 가장 중요한 요소다. 다시 말해 하나님 나라 공동체가 하나 되지 못하면 하나님의 통치와 거룩함을 확장할 수 없는 것이다.

현재 대한민국은 "혐오" 문제로 몸살을 앓고 있다. 여성들을 "김치녀"라 부르는 남성들의 여성 혐오, 반대로 여성들에 의한 남성 혐오도 도를 넘고 있다. 이 외에도 세대 간 혐오, "맘충"으로 대표되는 아기 엄마 혐오, 심지어 얼마 전에는 목줄을 착용하지 않은 강아지에 대한 혐오까지 등장했다.

이런 혐오는 단순히 개인 간 혐오를 넘어 사회 계층 간 분리 현상으로 이어지고 있다. 혐오가 곧 사회 분리 현상을 만들어내는 것이다. 또한 대한민국 사회는 진보와 보수라는 이념적 대립이 정치적 활동을 넘어 극심한 혐오와 분리 현상을 야기하고 있다.

게다가 교회 안에도 관계에 대한 피로가 쌓여 더 이상의 관계 형성을 거부한 채 개인적으로 신앙생활을 이어가려는 사람들이 많이 늘어나고 있다. 세상의 분리에 발맞춰 교회의 분리도 덩달아 빈번해지는 것 같다.

이런 행태들은 거룩함이 확장되는 것이 아니라 반대로 교회가 세속화되고 있다는 의미다. 따라서 혐오를 조장하는 세상에서 교회만큼은 혐오가 아닌 사랑을 기반으로 하는 공동체가 되어야 한다. 또한 사람은 혐오의 대상이 아닌 사랑의 대상임이 성도들의 삶을 통해 드러나야 한다. 이런 불가능한 혁명은 오로지 기도를 통해서만 이뤄낼 수 있을 것이다.

"기도"는 하나님 나라 백성의 신분으로 세상에 속해 살아야 하는 제자 공동체가 "세속"화되는 것을 막고 하나님 나라를 확장하기 위해 필요한 가장 중요한 요소다.

18장

하나님 나라의 일상화

종교 생활인가, 일상인가?

내가 교회를 다니게 된 동기는 교회가 바로 "집"이었기 때문이다. 태어나 보니 내가 있는 곳이 교회였고, 좀 더 큰 후에는 시끄러워 문밖에 나가보면 많은 사람이 예배를 드리고 있었다. 나에게 교회란 집과 같은 곳이었고 예배는 일상이었다. 그런 환경 덕분에 나는 별도의 구별된 "종교" 생활이라는 인식이 어려서부터 아예 없었다. 종교 생활이 곧 일상이었기 때문이다.

하지만 신학교에 입학한 후, 어느 순간부터 나는 종교인이 되어 있었다. 예배가 일상이 아닌 규범으로 다가오고 교회가 종교 행위의 장소로 느껴졌다. 그리고 마침내는 종교 생활을 크고 높은 울타리처럼 느끼게 되었다.

많은 기독교인은 자신이 누구보다 "종교적"임을 과시하고 싶어 한다. 함께 신앙생활하는 이보다 "종교적"임을 과시하기 위해 더 많은 예배에 참석하고 더 많은 모임에 나간다. 그리고 과장된 제스처로 자신의 신실함을 입증하려 한다. 또한 신체적·경제적 헌신을 통해 자신의 종교성을 드러내고자 한다. 물론 대다수의 기독교인은 자신이 한 헌신이 "종교적"이라고 말하지 않을 것이며 혹자는 하나님께 값없이 받은 선물을 갚기 위한 헌신일 뿐이라고 말할 것이다.*

---

* 값없는 선물은 보상을 요구하지 않음에도 말이다.

18장 하나님 나라의 일상화

그러나 내가 이런 행동을 "종교적"이라고 말하는 이유는 그 모두가 "기독교"라는 종교의 테두리 안에서 이루어지는 행위들이기 때문이다. 그리고 우리는 그것을 "기독교인스럽다", "성도답다"라고 말한다.

"예배를 잘 드린다."

"옷을 단정하게 입는다"(보통 면바지와 남방 차림이다).

"성실하다."

"신앙 언어를 잘 사용한다."

"십일조를 잘 드린다."

"주일을 잘 지킨다."

"세상 언어를 사용하지 않는다."

여기서 나열한 목록은 우리가 흔히 "기독교인스럽다"라고 표현하는 양식들을 나타낸다. 즉 기독교인이 갖춰야 할 "덕목" 같은 것들이다. 이 요소들을 골고루 갖춘 청년들은 교회에서 "신실한 청년"이라고 불리며 "인기"를 얻기도 한다. 물론 여기에 찬양 인도까지 한다면 그야말로 "신실한 교회 오빠"가 된다.

지금 나는 기독교인스럽다고 일컬어지는 일련의 요소들을 거부하자는 것이 아니다. 하지만 이런 형식은 우리를 더욱 "종교적"으로 만들고 거기에 함정이 있다는 것만은 알아야 한다고 본다. 자신도 모르는 사이 우리는 특정한 양식을 기독교인이라면 마땅히 지켜야 하는 규칙으로 만들고 그에 따르지 않으면 잘못된 것처럼 인식하기 쉽기 때문이다.

　나는 이런 현상의 가장 큰 문제점은 이 요소들이 "종교"라는 테두리 안에서 형성되고 만들어졌다는 데 있다고 본다. 그리고 이런 문화는 성경을 바탕으로 한 것이 아닌, 어디까지나 "교회" 안에서 형성된 비본질적인 요소임을 많은 성도가 인지할 필요가 있다고 생각한다.

　예수는 "종교"(혹은 종파)라는 울타리를 만들지 않으셨다. 또한 성경 어디에도 종파를 나누는 시도는 발견되지 않는다. 여기서 오해하지 말아야 할 것은 내가 "기독교"를 거부하자는 것이 아니라 예수는 기독교와 세상을 구분 짓는 울타리 자체를 만들지 않으셨음을 말하고자 한다는 것이다.

　오히려 신약성경에서 예수는 "종교적" 행위에 갇힌 바리새인들과 서기관들을 비판하신다. 그들은 일상과 종교를 일치시키지 못한 채 "종교"라는 테두리 안에 갇혀 생활했으며 다른 사람들과 자신을 구분하기 좋아했다. 그들은 다른 사람들보다 열심히 종교적 행위를 하며 "할례", "안식일", "음식법"을 열성적으로 지켰다. 그리고 자신들은 타인과 구별되는 하나님의 백성임을 드러내고자 했다. 하지만 예수는 그들의 "종교성"을 비판하며 하나님에 대한 신앙을 일상의 영역으로 가져오고자 하셨다.

　바리새인들과 서기관들의 "열심"이 종교라는 울타리를 만들고 그 안에서 "주인" 행세를 하며 다른 사람과 자신들을 구분하기 위한

18장　하나님 나라의 일상화

수단이었다면, 우리는 예수의 비유를 통해 그분의 비전이 종교화가 아닌 일상화에 있었다는 것을 깨달을 수 있다.

하나님 나라를 누가 상속받는가?

마태복음 25장에서 예수는 비유를 통해 하나님 나라를 상속받는 사람이 누구인지에 관한 상식을 뒤집으셨다.

> 31인자가 자기 영광으로 모든 천사와 함께 올 때에 자기 영광의 보좌에 앉으리니 32모든 민족을 그 앞에 모으고 각각 구분하기를 목자가 양과 염소를 구분하는 것 같이 하여 33양은 그 오른편에 염소는 왼편에 두리라. 34그 때에 임금이 그 오른편에 있는 자들에게 이르시되 "내 아버지께 복 받을 자들이여, 나아와 창세로부터 너희를 위하여 예비된 나라를 상속받으라" (마 25:31-34).

하나님 나라를 상속 받는 사람은 나그네(이웃)를 돌보고 섬긴 자들이다.

> 35내가 주릴 때에 너희가 먹을 것을 주었고 목마를 때에 마시게 하였고 나그네 되었을 때에 영접하였고 36헐벗었을 때에 옷을 입혔고 병들었을 때에 돌보았고 옥에 갇혔을 때에 와서 보았느니라(마 25:35-36).

그런데 하나님 나라를 상속받는 자들은 자신들에게 그에 걸맞은 자격이 없다고 고백한다.

> 37이에 의인들이 대답하여 이르되 "주여, 우리가 어느 때에 주께서 주리신 것을 보고 음식을 대접하였으며 목마르신 것을 보고 마시게 하였나이까? 38 어느 때에 나그네 되신 것을 보고 영접하였으며 헐벗으신 것을 보고 옷 입혔나이까? 39어느 때에 병드신 것이나 옥에 갇히신 것을 보고 가서 뵈었나이까?" 하리니 40임금이 대답하여 이르시되 "내가 진실로 너희에게 이르노니 너희가 여기 내 형제 중에 지극히 작은 자 하나에게 한 것이 곧 내게 한 것이니라" 하시고 (마 25:37-40).

반대로 하나님 나라를 상속받지 못하는 이들은 누구일까? 그들은 자신들이 하나님 나라를 상속받을 자격이 없다고는 한 번도 생각해보지 않은 듯하다.

> 41또 왼편에 있는 자들에게 이르시되 "저주를 받은 자들아, 나를 떠나 마귀와 그 사자들을 위하여 예비된 영원한 불에 들어가라. 42내가 주릴 때에 너희가 먹을 것을 주지 아니하였고 목마를 때에 마시게 하지 아니하였고 43나그네 되었을 때에 영접하지 아니하였고 헐벗었을 때에 옷 입히지 아니하였고 병들었을 때와 옥에 갇혔을 때에 돌보지 아니하였느니라" 하시니 44"그들도 대답하여 이르되 '주여, 우리가 어느 때에 주께서 주리신 것이나 목마

르신 것이나 나그네 되신 것이나 헐벗으신 것이나 병드신 것이나 옥에 갇히신 것을 보고 공양하지 아니하더이까?' 45이에 임금이 대답하여 이르시되 '내가 진실로 너희에게 이르노니 이 지극히 작은 자 하나에게 하지 아니한 것이 곧 내게 하지 아니한 것이니라' 하시리니 46그들은 영벌에, 의인들은 영생에 들어가리라" 하시니라(마 25:41-46).

우리는 이 비유를 통해 하나님 나라를 상속받는 이는 예수를 따르고 섬기는 자들임을 알 수 있다. 또한 더 넓게 보면 사마리아인의 비유에 등장하는 사람처럼 진정으로 "이웃"을 돌보는 자가 결국 하나님 나라를 상속받게 될 것이다.

그런데 한 걸음 더 나아가 하나님 나라를 상속받는 이들과 그렇지 못한 이들이 보이는 반응을 살펴보면 서로 상반된 태도를 보이고 있음을 알 수 있다. 돌봄과 섬김을 행했던 이들은 오히려 자신들이 한 행위를 기억하지 못하는 데 반해 상속을 받지 못하는 이들은 자신들이 얼마나 이웃을 열심히 돌보았는지를 항변한다.

이처럼 서로 다른 반응을 보이는 이유는 섬김과 돌봄이 일상화된 자들과 종교적 "외식"을 통해 "열심"으로 섬긴 자들 간에는 근본적인 차이가 있기 때문이다. 즉 열심히 "공경"했다고 반론하는 이들은 자신의 종교적 열심을 드러내기 위해 외식한 자들일 뿐이다. 아마도 마태복음을 읽었던 당대의 독자들에게 이 본문은 "구원"받는 방법이 아니라 하나님 나라를 상속받는 이들이 보이는 삶의 특징을 말하는 것으로 받아들여졌을 것이다.

사실 진정한 섬김과 외식의 차이는 우리의 일상 속에서도 얼마든지 깨달을 수 있다. 나의 경험을 이야기해보겠다.

어느 주일날 예배 후 아내와 함께 도심의 번화가에 나갔다. 아내가 잠시 물건을 사러 간 사이에 차를 길가에 세우고 기다리고 있었는데 비가 오는 번화가에서 찬양 소리가 들려왔다. 어느 교회 교인들이었는지는 모르겠지만 꽤 많은 사람이 나와 노방 찬양을 하는 중이었다.

얼마 후 차로 돌아온 아내는 어떤 사람이, 노방 찬양하는 곳을 가리키며 "내가 저래서 기독교가 싫은 거야"라고 투덜거린 이야기를 들려주었다. 그 사람은 몇 가지 이유를 일행에게 말했다고 한다. 첫 번째 이유는 "남들 쉬는 날 저렇게 나와서 노래를 부르면 쉬는 사람들에게 얼마나 방해가 되겠는가?"였고, 두 번째 이유는 "비가 오는 번화가 중간에서 비를 피할 수 있는 유일한 장소에서 저렇게 자기들은 비를 피하며 노래하는 것을 봐라. 얼마나 이기적이냐?"라고 하더란다. 그렇게 자기들끼리 말하더니 갑자기 우산이 없는 아내에게 "비 맞으면 안 되죠" 하면서 우산을 씌워주더란다. 이야기를 다 들은 후 나는 아내에게 물었다.

"누가 당신의 이웃이었을까?"

우리는 어쩌면 "영혼 구원"이라는 대단한 평계를 대면서 배려와 상식은 너무나 쉽게 포기하고 있는지도 모른다. 영혼 구원만 가능하다면 절에 들어가 찬송을 해도 좋고 비를 피할 장소를 뺏어도 좋다고 생각하는 것이다.

과거 어느 교회에서 청년부를 섬길 때 아이스커피 전도를 하다 교회 근처에 카페가 생기면서 중단한 적이 있었다. 조금이라도 영세 상인에게 피해를 줄까 걱정되었기 때문이다. 자영업으로 근근이 살아가는 이웃이 버젓이 있는데 물량 공세를 통해 무차별적으로 공짜 음식을 뿌리면 한 명의 영혼은 구원할 수 있겠지만 한 명의 상인은 죽는다는 것을 생각하지 못하는 사람들이 우리 주변에는 의외로 많다.

한 영혼의 구원을 위해서라면 누군가가 고통당해도 면죄부를 받을 수 있다는 이기적이고 배려 없는 전도 방식은 양 아흔 아홉 마리를 건지기 위해 한 마리의 양을 버리자는 것과 다름없다. 우리는 선한 사마리아인의 비유를 통해 일상에서 이웃을 지키는 일이 얼마나 중요한지 배워야 한다. 또한 전도는 종교적인 프로그램이 아니라 일상적인 언어로 내 이웃을 지키는 일에서부터 시작되어야 한다는 것을 깨달아야 한다.

중요한 것은 종교적이거나 외면적인 그리스도인이 되는 것이 아니라 예배와 섬김, 그리고 구제의 삶이 우리의 일상에 녹아들어야 한다는 점이다. 일부러 의식하거나 드러내지 않아도 우리는 항상 대한민국이라는 나라의 국민으로 살아가는 것처럼 하나님 나라의 백성으로서의 삶 역시 일상과 분리되지 않고 자연스럽게 체화되어 드러나야 한다.

청년들은 이제 부자연스럽기 그지없는 "기독교인다운 삶"에서 벗어나 하나님 나라의 일상을 살아내야 한다. 하나님 나라는 이 땅에 종교로 임한 것이 아니라 우리의 일상에 임한 것이기 때문이다.

어쩌면 배려와 상식이 영성 훈련이나 전도 활동보다 더 필요할지도 모른다.

19장

하나님 나라의 통치 받기
: 예수 바로 알기

다른 복음의 위협

몇 년 전, 한 청년이 찾아와 진지하게 질문한 적이 있다.

"베리칩 받으면 지옥 간다는데 맞나요?"

"누가 그러디?"

"교회 지인이 보내준 유튜브 영상을 봤는데 너무 무서워요…."

한때 한국에는 베리칩이 사탄의 표라고 주장하는 이들이 활동했었다. 그들은 종종 SNS에 글을 올리곤 했는데 누가 이런 걸 믿겠냐고 생각했지만 내가 가르치던 청년 하나가 이런 글에 겁을 먹었다는 사실에 충격을 받았다. 내 생각으로는 아마도 베리칩에 관한 글을 올리는 이들은 과거 바코드가 사탄의 표라고 주장하던 이들의 연장선상에 있지 않을까 싶다.

두말할 것도 없이 이 사람들의 주장에는 심각한 문제가 있다. 이들은 대부분 구원을 받기 위해서는 "믿음" 외에도 다른 것이 필요하다며 다른 것을 추가한다. 그리고 성경에도 이런 사례가 등장한다.

갈라디아 교회에는 그리스도인을 규정할 수 있는 유일한 근거가 "믿음"임에도 불구하고 육체의 표를 요구하는 무리들이 있었다. 바울은 이들을 "다른 복음"을 전하는 자들이라 규정하고 정죄한다. 사실 갈라디아 교회를 위협하던 "다른 복음"을 전하는 자들은 지금의 이단 종파와는 성격이 다르다. 그들은 교회 안에서 그리스도인을 규정하는 것이 음식법, 할례, 안식일이라고 주장했고 그러한 규정을 통해 차별을 조장했다.

그렇다면 한국교회가 말하는 "그리스도인"의 표는 무엇일까? 우리는 그리스도인의 표가 "믿음"이라고 교리처럼 말한다. 하지만 우리는 현대판 음식법, 할례, 안식법인 "금주", "금연", "십일조" 등의 종교 관습을 그리스도인의 표라고 주장한다. 그도 그럴 것이 여전히 보수적인 교단의 청년들은 술을 먹으면 지옥에 간다고 믿는 경우가 많다. 실제로 교회에서 청년들의 소모임 주제를 살펴보면 사회생활과 음주 문제가 빠지지 않는다.

또한 주일학교에 열심히 다니는 어린아이들은 교회에 나오지 않는 친구들에게 그러다 지옥 간다는 말을 서슴없이 내뱉는다. 십일조로 정회원과 준회원을 구분하는 끔찍한 사례도 있다. 한국교회 대다수는 베리칩에 관한 괴담은 믿지 않지만 십일조를 하지 않고 술을 마시면 지옥에 간다고 믿는 교인은 여전히 많다.

이처럼 교회 안에서 십일조와 금주가 그리스도인임을 나타내는 표가 되는 현상이나 형제자매를 정죄하면서 경건치 못하다는 이유로 차별하는 현상은 "다른 복음"이 문제시되던 상황과 같다. 분명히 말하지만 복음의 목적은 하나 되게 하는 것에 있지 차별하기 위함이 아니다.

> 실제로 다른 복음이 있는 것은 아닙니다. 다만 몇몇 사람이 여러분을 교란시켜서 그리스도의 복음을 왜곡시키려고 하는 것뿐입니다(새번역, 갈 1:7).

이런 문제가 일어나는 이유는 성경을 오독하고 예수를 오해하기 때문이다. 이밖에 기복주의적 신앙 행태도 "오해"와 "왜곡"에서 비롯된다. 우리가 하나님 나라의 백성으로서 올바로 살아가기 위해서는 하나님 나라의 "왕"을 바르게 이해하는 것이 무엇보다 중요하다.

> 그는 가난한 자와 궁핍한 자를 변호하고 형통하였나니 이것이 나를 앎이 아니냐? 여호와의 말씀이니라(렘 22:16).

베드로는 자신의 주인인 예수를 오해했다. 예수가 그리스도임은 믿었지만 그의 죽음에는 반대했던 대목이 이를 잘 드러내준다. 이에 예수는 베드로가 하나님의 일이 아닌 사람의 일을 생각한다며 질책한다. 베드로는 예수를 로마 황제 가이사로부터 이스라엘을 정치적으로 구원할 메시아로 이해했다. 때문에 베드로는 예수가 죽음으로써 패배하는 것을 용납할 수 없었다.

예수 바로 알기

예수에 대한 이런 오해는 달란트 비유에 잘 나타난다. 그 비유에서 한 달란트를 받은 사람이 저지른 근본적 잘못은 받은 달란트를 땅에 묻어둔 게으름이 아니라 자신이 섬기는 주인을 잘못 이해한 데 있었다.

한 달란트 받았던 자는 와서 이르되 "주인이여, 당신은 굳은 사람이라 심지 않은 데서 거두고 헤치지 않은 데서 모으는 줄을 내가 알았으므로"(마 25:24).

그는 자신이 섬기는 주인을 꽉 막힌 사람으로 이해했는데 바로 그것이 잘못이었다. 게다가 한 달란트를 받은 사람은 스스로 주인을 누구보다 잘 이해했다고 생각했다. 그런 확신이 있었기에 받은 달란트를 묻어둔 것이다. 이 사례는 잘못된 이해가 잘못된 행동으로 이어진다는 것을 단적으로 보여준다.

그렇다면 우리가 하나님 나라의 백성으로 살아가기 위해서는 어떻게 해야 할까? 이것을 올바로 알기 위해서는 예수의 삶과 가르침을 제대로 이해해야 한다. 예수를 믿기만 하면 복을 받는다는 식의 이해는 하나님 나라의 참된 백성으로서의 삶을 보장하지 않는다.

내가 보기에 우리나라의 몇몇 교회는 예수에 관해 단단히 오해하는 것 같다. 그것도 불법으로 건축된 건물을 하나님이 지으셨다고 자랑하는 사람들이 있는 것을 보면 매우 큰 오해임이 분명하다. 각종 헌금으로 사람을 차별하고 교회 안에 신분과 계급을 만들어 보이지 않는 벽을 세우는 교회는 예수가 주인일 수 없다. 그런 가르침이 행해지는 교회는 예수가 아닌 목사가 주인인 교회일 것이다.

> 예수는 지금도 살아계신다. 그분을 바로 알기 위해서는 우리의 신앙이 날마다 새로워져야 한다.

20장

하나님 나라와 로마 제국

우연히 동영상으로 서울의 모 교회에서 소위 기독교 내의 종북 좌파에 관해 강의한 것을 보았다. 이 강의의 주된 요지는 북한 주체사상이 가장 싫어하는 것이 기독교이며 준 남파 간첩인 종북 좌파 세력이 기독교에 대해 모함을 하고 있다는 것이었다. 강의에는 현재 기독교에 관해 부정적인 의견들이 난무하는 이유가 종북 좌파 세력과 댓글 세력이 여론을 조작하고 있기 때문이라며 이에 현혹되어서는 안 된다는 메시지가 담겨 있었다. 내용 자체도 경악할 만한 수준이었지만 더욱 경악스러운 것은 그 자리에 족히 수천 명의 청년들이 앉아 있었다는 사실이다. 심지어 그 자리에 앉아 대답하는 청년들은 자신들이 속았다는 사실에 안타까워하는 듯한 모습이었다.

이런 극심한 이념 대립 상황은 예수 시대인 기원후 1세기에도 존재했다. 바리새인들과 서기관들은 언제든 예수를 종교재판에 회부하고 싶어 했다. 어쩌면 그들의 입장에서 예수가 설파한 안식일 규례, 정결법은 너무나 진보적이고 급진적이었을지 모른다.

사실 예수 시대 종교인들의 전투력은 대단했다. 자신들이 구축한 법을 지키지 않는 사람을 언제든 예루살렘에서 쫓아내고 돌을 던져 죽이기도 했다. 하지만 예수는 전투력 높은 종교인들에게 돌을 들지 않으셨다. 그리고 종교인들이 돌을 던지고 비난하던 사마리아인들을 사랑으로 대하셨다.

당대의 관점에서 예수가 만나셨던 한센인과 사마리아인, 혈루증을 앓는 여인 등은 차별받아 마땅한 자들이었다. 아마도 이들의 사회적 위치는 우리 사회의 동성애자나 외국인 노동자들과 크게 다르지 않았을 것이다. 하지만 예수는 자신에게 돌을 던지려는 자는 물론 혐오를 받는 자에게도 돌을 던지지 않으셨다. 예수는 이 땅에 평화를 가져오는 것은 폭력이 아닌 사랑이라고 생각하셨다. 그리고 그런 신념의 절정이 바로 십자가 죽음으로 나타났다. 예수는 십자가에서 죽음으로써 이 땅에 "평화"를 가져오고자 하셨다. 즉 예수의 죽음은 적어도 "종교"에 한정되지 않았던 것이다. 또한 예수가 죽음에 이른 이유도 종교적 발언을 했기 때문이 아니었다.

물론 예수의 삶은 매우 종교적인 동시에 정치적이었다. 당시 유대 사회는 종교와 정치가 분리될 수 없는 구조였다. 따라서 예수가 정치적이지 않으셨기 때문에 우리도 사회적·정치적 사안에 관여하지 말아야 한다는 대형 교회 목회자의 주장은 매우 개탄스럽다.

신약성경을 보면 예수는 다분히 정치적이었다. 그 이유는 당시 1세기 유대교에서 기대한 "회복"이 대부분 정치적 소망과 종교적 해석이 어우러진 것이었기 때문이다. 또한 예수 당시 사회의 심각한 불평등 문제는 종교적이면서 정치적이었다. 심지어 구약의 예언서에 등장하는 불평등, 차별, 가난 등의 사회문제도 정치적 문제인 동시에 종교적 문제였다. 그리고 하나님의 관심사이기도 했다.

하지만 안타깝게도 오늘날 많은 교회는 청년들의 실업, 결혼, 육아, 학자금 대출 등의 문제에 관심이 없다. 세월호 참사조차 정치적인 문제라며 교회에서 거론하기를 꺼렸다. 대통령 탄핵 정국에도 각자의 정치적 견해가 다를 수 있다는 이유로 발언을 자제시켰다. 하지만 이런 사회·정치 문제가 "교회"와 관련이 없다고 주장하는 것은 하나님의 관심사에 교회는 아무런 관심이 없다고 하는 것과 같다. 이는 예수의 가르침에서도 동일하게 지적된다. 예수는 분명 우리의 영적 성장만을 기대하신 것이 아니라 하나님의 관심사대로 무질서한 세상에 "평화"를 가져오셨다(고전 14:33). 비폭력을 통한 예수의 평화주의는 돌을 들고 있던 바울의 행위를 중단하게 했으며 바울은 예수의 음성을 들은 후 십자가에 담긴 평화의 메시지를 세상에 전했다.

> 14그는 우리의 화평이신지라. 둘로 하나를 만드사 원수 된 것 곧 중간에 막힌 담을 자기 육체로 허시고 15법조문으로 된 계명의 율법을 폐하셨으니 이는 이 둘로 자기 안에서 한 새사람을 지어 화평하게 하시고 16또 십자가로 이 둘을 한 몸으로 하나님과 화목하게 하려 하심이라. 원수 된 것을 십자가로 소멸하시고 17또 오셔서 먼 데 있는 너희에게 평안을 전하시고 가까운 데 있는 자들에게 평안을 전하셨으니 18이는 그로 말미암아 우리 둘이 한 성령 안에서 아버지께 나아감을 얻게 하려 하심이라(엡 2:14-18).

바울에게 예수의 십자가 죽음은 대속과 속죄의 의미는 물론 "평화"를 만드는 방식이기도 했다. 이것은 로마가 주장했던 "평화주의"(Pax Romana)와는 전혀 다른 의미였다. 바울은 예수의 십자가 죽음이 진정한 평화를 가져오는 방법이라고 생각했고 평화라는 미명 하에 폭력을 일삼는 로마 제국의 횡포에 저항했다. 그는 로마가 말하는 평화는 거짓 평화이며 예수가 십자가를 통해 가져다 준 평화만이 진정한 평화라고 외쳤다.

> 통치자들과 권세들을 무력화하여 드러내어 구경거리로 삼으시고 십자가로 그들을 이기셨느니라(골 2:15).

한국교회에서 "십자가"의 의미는 대속과 구속의 의미로 많이 사용된다. 하지만 바울에게 예수의 십자가는 대속의 의미를 넘어 로마의 폭력과 차별에 대한 저항 의지를 상징한다. 하나님 나라는 폭력을 통해 확장되지 않는다. 오히려 예수의 십자가의 죽음을 통해 하나님 나라가 도래했고 오늘날은 예수의 제자가 되는 성도들이 십자가를 짊어짐으로써 하나님 나라가 확장된다.

하나님 나라는 이처럼 역설적인 방식으로 확장된다. 그런 의미에서 예수는 비유에 담겨 있는 역설적 방식에 하나님 나라의 비밀이 숨겨져 있다고 말씀하신다.

> 폭력을 숭배하는 문화 속에서 교회는 사랑으로 평화를 이루는 공동체로 부름 받았다.

21장

하나님 나라와 영적 전쟁

홍대 앞의 영적 전쟁?

한국 기독교에서 많이 사용하는 표현 중에 "영적 전쟁"이라는 용어가 있다. 이것은 교회와 사탄의 전쟁을 뜻한다. 그런데 이 표현에는 한 가지 문제점이 있다. 영적 전쟁의 대상이 매우 모호하다는 것이다.

어느 날 한 청년이 나에게 다가와 자신은 영적 전쟁을 하기 위해 매주 홍대를 방문한다고 했다. 그래서 왜 홍대에 가서 영적 전쟁을 하느냐고 물었더니 그 청년은 홍대에는 많은 클럽이 있고 유흥점으로 가득 차 있어 그곳에서 영적 전쟁을 해야 한단다. 그러면서 홍대에 모텔이 많은 이유에 대해 열변을 토하며 말하기 시작했다.

그 청년의 말을 듣는 동안 나는 청년이 생각하는 영적 전쟁의 대상은 세속적인 문화를 뜻한다는 것을 알 수 있었다. 그리고 어떻게 전쟁을 하느냐고 되물었을 때 홍대에 가서 땅을 밟으며 기도를 한다는 답변을 듣고 정말이지 어처구니가 없었다. 그 청년을 가르친 목회자가 대체 어떤 사람인지 보고 싶을 지경이었다.

성경에는 "사탄"이 종종 등장한다. 그런데 신학계에서는 사탄의 의미에 관해 의견이 분분하다. 아마도 그 주된 이유는 성경이 매우 다양한 방식으로 사탄을 표현하기 때문일 것이다. 또한 논쟁이 있는 이유는 성경의 내용만으로 사탄의 존재를 명확히 규명하기가 매우 어렵기 때문이다. 오히려 어떤 학자가 사탄과 지옥에 관해 분명히 규명하고 설명해낸다면 오히려 의심을 해야 할 판이다.

성경은 여러 본문을 통해 사탄에 관해 힌트만 주는 것 같다. 그만큼 본문이 쓰인 시대에 따라 사탄을 매우 다르게 표현한다. 여기서 나는 우리가 흔히 생각하는 영적 존재로서의 사탄이 아닌 좀 더 분명히 드러난 사탄의 존재를 살펴볼 것이다. 그 이유는 논쟁을 피하기 위함도 있지만 우리가 사탄의 존재에 관해 간과하는 부분이 있기 때문이다.

사탄의 정체

먼저 우리는 성경이 사탄을 영적 존재로만 표현하는가에 관해서 살펴보아야 한다. 일단 결론부터 말하자면 그렇지 않다. 성경에는 사람을 가리켜 "사탄"이라 부르는 장면이 등장하기 때문이다.

그 장면은 우리가 잘 아는, 예수가 베드로를 지칭하며 "사탄"이라 말씀하신 사건을 묘사한다.

> 예수께서 돌이키사 제자들을 보시며 베드로를 꾸짖어 이르시되 "사탄아, 내 뒤로 물러가라. 네가 하나님의 일을 생각하지 아니하고 도리어 사람의 일을 생각하는도다" 하시고(막 8:33).

여기서 사탄은 베드로를 가리킨다. 그리고 이 말은 사람의 일과 연결된다. 즉 베드로가 예수의 사명을 가로막은 일 자체가 사람의 일이며 그것이 곧 사탄이라는 것이다. 우리는 이 대목에서 사탄의 존재를 규정하기는 어렵지만 하나님 나라의 일을 방해하거나 적대시하는 행위는 사람의 일인 동시에 사탄이라는 것을 알 수 있다. 이런 점을 미루어 우리는 누구나 "사탄"이 될 수 있음을 알게 된다.

목회자가 교회의 주인 노릇을 하려는 것이나 성범죄를 저질러 언론의 질타를 받는 것은 하나님 나라의 일에 반대된다. 또한 평화와 균등을 요구하는 하나님의 통치 방식에 반하는 착취와 억압, 폭력을 행사하는 것도 두말할 필요 없이 사탄의 일이다. 안타깝지만 이런 행태들은 우리의 일상에서, 심지어 가장 종교적이라고 할 수 있는 사람들에 의해서도 자행될 수 있다.

성경에서 사탄이 가장 자주 등장하는 부분은 요한계시록일 것이다. 그런데 요한계시록에서 사탄의 존재는 모호한 존재가 아니다. 요한계시록은 사탄을 "용"이라고 지칭한다.

> 큰 용이 내쫓기니 옛 뱀 곧 마귀라고도 하고 사탄이라고도 하며 온 천하를 꾀는 자라. 그가 땅으로 내쫓기니 그의 사자들도 그와 함께 내쫓기니라 (계 12:9).

여기서 용은 마귀 곧 사탄이라고 명명된다. 그리고 성경은 사탄이 천하를 꾀는 존재라고 말한다. 이 부분에서 "천하"는 폭넓은 의미로 사용될 수 있지만 요한계시록 13장에서는 천하가 "로마 제국"을 의미한다는 것을 알 수 있다.

> 4용이 짐승에게 권세를 주므로 용에게 경배하며 짐승에게 경배하여 이르되 "누가 이 짐승과 같으냐? 누가 능히 이와 더불어 싸우리요?" 하더라. 5또 짐승이 과장되고 신성 모독을 말하는 입을 받고 또 마흔두 달 동안 일할 권세를 받으니라(계 13:4-5).

이 본문에는 짐승이 등장하는데 용은 짐승에게 "권세"를 준다. 그리고 짐승은 권세를 받아 신성을 모독한다. 여기서 짐승은 로마 제국을 상징한다. 요한계시록의 저자는 "누가 능히 이와 더불어 싸우리요?" 하고 물으며 짐승의 권세가 대적할 수 없을 정도로 강력하다고 말한다. 이는 당시 로마 제국이 얼마나 큰 힘으로 세상을 다스렸는지 알 수 있는 대목이다. 하지만 이런 권세는 "마흔두 달 동안 일할 권세"이며 제한적이라는 것을 알 수 있다.

요한계시록에서도 사탄의 존재는 모호하긴 하지만 로마 제국의 억압과 폭력의 통치 체제를 배후에서 조종하는 존재로 묘사된다는 점은 분명하다. 이는 베드로의 배후에 사탄이 있었던 것처럼 하나님의 일을 적대하고 반대하는 로마 제국의 배후에도 사탄이 있다는 것을 의미한다. 즉 로마의 제국주의적 통치와 사회상은 하나님의 통치에 적대된다. 이를 통해 우리는 하나님의 통치에 담긴 가치와 반대되는 삶을 살고 그런 가치관을 고수하는 것이 곧 사탄과 관련된 것임을 알 수 있다. 그리고 그 배후에는 언제나 사탄이 존재한다.

다음으로 우리가 흔히 말하는 "귀신"은 야고보서에 딱 한 번 등장한다. 사람들이 흔히 영적 전쟁의 대상으로 생각하는 "귀신"에 관해 야고보서는 귀신이 땅의 지혜의 배후이자 원천이라고 말한다. 오히려 야고보서 본문에서는 귀신의 존재가 영적 존재인지는 분명하지 않다.

> 14그러나 너희 마음속에 독한 시기와 다툼이 있으면 자랑하지 말라. 진리를 거슬러 거짓말하지 말라. 15이러한 지혜는 위로부터 내려온 것이 아니요 땅 위의 것이요 정욕의 것이요 귀신의 것이니(약 3:14-15).

야고보서 저자는 땅의 지혜가 의미하는 것이 독한 열심(시기: 개역개정)과 경쟁(다툼: 개역개정)이라고 말한다. 그런데 이러한 열심과 경쟁을 부추기는 것이 바로 "귀신"이다. 현재 대한민국의 많은 청소년과 청년을 지배하는 이데올로기는 학력과 경쟁이다. 끝을 알 수 없는 경쟁이 우리를 지배하고 있다. 자본주의 경쟁 체제에서 살아남기 위해서는 남들보다 한 발 앞서는 삶을 살아야 한다. 그런데 이런 경쟁은 우리의 삶을 피폐하게 만들고 결국 죽음에 이르게 한다. 바울은 이것이 땅의 지혜이며 그 배후에는 "귀신"이 있다고 말하는 것이다. 따라서 우리가 영적 전쟁을 벌여야 하는 대상은 입시 만능주의를 부추기는 오늘날의 체제다.

성경이 말하는 영적 전쟁의 대상은 무엇인가?

앞서 살펴본 대로 하나님의 일을 적대시하는 사람의 일에는 그 배후에 사탄이 있다. 여기서 사람의 일은 하나님 나라가 이 땅에 임하는 것을 방해하는 모든 행위이며 하나님 나라의 정의와 공의가 세워지는 것을 방해하는 모든 시도를 뜻한다. 영적 전쟁이라는 것을 굳이 해야겠다면 홍대에 갈 것이 아니라 하나님 나라의 가치를 부정하고 적대시하는, 불쌍한 알바생의 임금을 착취하는 기업이나, 가난한 이웃을 위한 복지를 반대하는 조직, 부동산 투기를 일삼는 기업, 그리고 끊임없는 경쟁과 입시 만능주의를 부추기는 체제 등을 대상으로 해야 할 것이다.

> 모든 전쟁은 적을 바로 알아야 승리할 수 있다.

22장

하나님 나라와 교회

하나님 나라의 백성으로 살아가기

지금까지 우리는 하나님 나라의 기본 질서와 하나님 나라에 담긴 삶의 원리 및 가치에 관해 알아보았다. 하나님 나라는 말 그대로 하나님이 통치하시는 나라이며 그의 통치의 가치가 실현되는 나라다.

우리가 하나님 나라를 제대로 이해하기 위해서는 하나님 나라란 무엇인가에 대한 물음을 넘어 그의 나라의 가치 체계를 이해해야 한다. 앞서 우리는 하나님 나라 통치의 기초인 정의와 공의에 담긴 함축적 의미를 살펴보았으며, 이스라엘을 통해 자신의 통치를 이 땅에 세우고자 하신 하나님의 원대한 계획에 관해서도 알아보았다.

우리가 잘 알고 있듯이 신약에서는 예수의 삶, 치유, 가르침을 통해 하나님의 통치가 이 땅에 구현되었으며 그의 가르침에 따라 살아가는 제자들에 의해 하나님의 통치가 확장되기에 이르렀다. 또한 오늘날에는 제자 공동체인 교회가 하나님의 통치를 구현하는 역할을 맡고 있다.

본질적으로 우리가 신앙생활을 한다는 것은 종교 생활을 넘어 하나님 나라의 백성으로서 살아가는 것임을 인식해야 한다. 따라서 우리가 예수를 믿고 하나님을 예배하기 시작했다는 말은 하나님 나라의 백성으로서 살게 되었다는 고백으로 변해야 한다. 또한 예배는 하나님 나라에서 살아가는 사람으로서 행해야 하는 의무에 포함되어 있음을 알아야 한다.

교회와 하나님 나라

이제 마지막으로 하나님의 통치를 이 땅에 구현하는 역할을 맡은 교회에 관해 살펴보고자 한다. 교회란 무엇일까? 교회는 하나님 나라 백성들의 모임이다. 더 정확히 말하면 하나님의 통치를 받는 백성들의 모임이다. 여기서 중요한 점은 교회란 무엇인가에 관한 사전적 의미 또는 정체성에 대한 함의보다 하나님 나라의 통치를 구현하는 교회가 가져야 할 가치가 무엇인가에 관한 것이다.

나는 교회와 하나님 나라를 다르게 보지 않는다. 신약성경은 하나님 나라를 교회와 일치시키지는 않지만 예수의 통치를 받는다는 점에서 하나님 나라와 교회의 정체성은 같다고 생각한다. 하지만 여기서 우리는 교회를 개 교회로 좁혀서 이해하지 말아야 한다. 하나님 나라로서 교회란, 앞서 살펴본 대로 지역 교회와 일상의 교회가 모두 포함된 하나님의 통치를 받는 영역 전체를 말한다. 우선 성경에서 말하는 교회의 정체성을 살펴보기 위해 다음 구절을 살펴보자.

> 13예수께서 빌립보 가이사랴 지방에 이르러 제자들에게 물어 이르시되 "사람들이 인자를 누구라 하느냐?" 14이르되 "더러는 세례 요한, 더러는 엘리

야, 어떤 이는 예레미야나 선지자 중의 하나라 하나이다." 15이르시되 "너희는 나를 누구라 하느냐?" 16시몬 베드로가 대답하여 이르되 "주는 그리스도시요 살아 계신 하나님의 아들이시니이다." 17예수께서 대답하여 이르시되 "바요나 시몬아, 네가 복이 있도다. 18이를 네게 알게 한 이는 혈육이 아니요 하늘에 계신 내 아버지시니라. 또 내가 네게 이르노니 너는 베드로라. 내가 이 반석 위에 내 교회를 세우리니…"(마 16:13-18).

이는 공관복음에 공통으로 등장하는 내용으로서 예수가 제자들에게 자신의 정체성에 관해 물으시는 장면을 묘사한다. 예수는 제자들에게 "너희는 나를 누구라 하느냐?" 물으신다. 베드로는 당신은 그리스도이자 하나님의 아들이라고 고백한다. 이 고백에 담긴 의미는 당신은 우리가 기다리던 하나님의 통치를 이 땅에 세울 분이라는 것이다.* 예수는 이 말에 "너는 베드로라. 내가 이 반석 위에 내 교회를 세우리니"라고 응답하신다. 이 응답에는 마태복음에 처음으로 등장하고 복음서 전체로서도 유일하게 언급된 "교회"가 등장한다.

물론 여기에 쓰인 "교회"가 예수가 베드로에게 직접 주신 메시지인지 아니면 후대 교회가 첨가한 용어인지에 관해서는 논란이 분

---

* 이 고백의 중요성을 살펴보기 위해 이 책의 1장에서 "복음서가 말하는 복음은 무엇인가?"를 살펴보기 바란다.

22장 하나님 나라와 교회

분하다. 그 이유는 예수 당시에는 예수 공동체가 "교회"라고 불릴지 알 수 없었을 것이기 때문이다. 그럼에도 예수의 이 응답은 초기 교회의 정체성을 살펴보는 데 있어 매우 중요하다.

이 반석 위에 내 교회를 세우겠다는 예수의 대답은 크게 두 가지 의미로 해석된다. 첫 번째는 베드로 위에 교회가 세워질 것이며 이것은 베드로 사도가 초기 교회의 수장이 될 것을 의미한다는 해석이다. 즉 베드로를 초대 교황으로 보는 관점에 근거를 제공하는 해석이다.

두 번째는 베드로의 고백을 토대로 그 위에 교회를 세우겠다는 의미라는 해석이다. 두 번째 해석을 풀이하면 "주는 그리스도이자 하나님의 아들"이라는 고백 위에 교회가 세워질 것이라는 의미가 된다.

나는 예수의 응답에 담긴 진짜 의미는 두 번째 해석이라고 생각한다. 그 이유는 신약성경에서 베드로의 역할이 갖는 중요성은 계속 언급되면서도 베드로가 교회의 주인이 되지는 않기 때문이다. 물론 후대에 베드로의 이름을 딴 교회가 등장하기는 하지만 베드로는 끝까지 노마드 교회로 남는다. 따라서 예수의 응답에 담긴 진짜 의미는 하나님 통치의 대리자인 예수 자신의 통치 위에 교회가 세워질 것이라는 의미이며 이는 에베소서에 등장한 "교회"의 정체성과도 부합한다.

21모든 통치와 권세와 능력과 주권과 이 세상뿐 아니라 오는 세상에 일컫는 모든 이름 위에 뛰어나게 하시고 22또 만물을 그의 발 아래에 복종하게 하시고 그를 만물 위에 교회의 머리로 삼으셨느니라(엡 1:21-22).

이 내용을 정리하면 교회는 하나님의 통치 대리자인 예수를 통해 하나님의 통치를 받는 백성들의 모임이라고 정의할 수 있다. 또한 이 정의에는 교회의 정체성을 규정하는 가장 중요한 의미가 담겨 있다. 이제 예수의 통치를 받는 하나님 나라 공동체인 교회는 새로운 정체성과 가치를 마음에 새기고 살아가야 한다. 출애굽 당시의 이스라엘 백성처럼 우리가 섬기는 왕이 바뀌었기 때문이다. 왕이 바뀐 새로운 나라에서 살아간다는 것은 새로운 법률 체계와 가치를 따라야 한다는 것을 의미한다.

새로운 교회를 꿈꾸다

로마서에서 바울은 예수와 우리가 "연합"함으로써 예수의 사명이 제자 공동체에게 전이되었으므로 새로운 삶의 가치를 지향해야 한다고 말한다.

그러므로 우리가 그의 죽으심과 합하여 세례를 받음으로 그와 함께 장사되었나니 이는 아버지의 영광으로 말미암아 그리스도를 죽은 자 가운데서 살리심과 같이 우리로 또한 새 생명 가운데서 행하게 하려 함이라(롬 6:4).

하나님의 통치는 자본 중심의 통치 체제를 반대하며 피라미드적 삶의 가치도 거부한다. 그리고 반대로 경쟁과 착취로 점철되어 있는 현대 사회의 구조와는 다른 안식과 평화가 있는 세상을 욕망한다. 이제 교회는 세상의 거대한 이데올로기에 저항하여 새로운 나라를 세워야 한다. 그것이 그의 나라와 의를 위한 교회다.

너희는 유혹의 욕심을 따라 썩어져 가는 구습을 따르는 옛 사람을 벗어버리고 오직 너희의 심령이 새롭게 되어 하나님을 따라 의와 진리의 거룩함으로 지으심을 받은 새사람을 입으라(엡 4:22-24).

교회를 세울 때 우리가 과연 하나님 나라의 고유한 가치를 반영하기 위해 연구하며 노력을 기울였는지 생각해봐야 한다. 좋은 조직과 시스템을 구축하고 하나님께 정성 어린 예배를 드리는 것도 중요하지만 더 중요한 것은 세상의 이데올로기와 싸울 수 있을 만큼 단단한 공동체성과 사랑, 그리고 하나님 나라의 새로운 가치를 구현하려는 강한 의지가 있어야 한다. 교회가 세상과 다르기 위해서는 "주일은 쉽니다"를 넘어서야 하는 것이다. 그들이 일할 때 우리는 예배드린다는 것만이 세상과 하나님 나라를 구분할 수 있는 척도는 아닐 것이다.

한편, 청년들과 상담을 하다 보면 다음과 같은 이야기를 많이 듣는다.

"작은 교회나 큰 교회나 똑같아요."

물론 이 말에는 부정적 함의가 내포되어 있다. 대형 교회에서 어려움을 느낀 청년들이 공동체성을 갈구하여 작은 교회로 옮겼지만 별반 다르지 않더라는 것이다. 내가 왜 똑같냐고 물으면 청년들은 사이즈만 다르지 속은 다를 바 없다고 대답한다.

청년들이 그렇게 말하는 이유는 교회 안에 자리한 조직 체계와 권력, 그리고 보이지 않는 신분 같은 직분 체계가 큰 교회나 작은 교회나 동일하다고 느꼈기 때문일 것이다. 그러면서 청년들은 불완전한 사람들의 모임인 교회는 결국 완벽할 수 없다며 투덜거리는 것으로 이야기를 마무리한다.

그 이야기를 들으며 나는 청년들에게 교회의 구조에 관해 생각해보자고 제안했다. 성경에서 말하는 하나님 나라 공동체의 구조는 어떤 모습인지 그림으로 보여주며 이야기를 나눴다. 아래 그림은 청년들과 대화하면서 그린 그림이다.

① 첫 번째 그림은 예수를 교회의 통치자로 생각하긴 하지만 직분 자체를 신분과 권력을 의미하는 것으로 생각하는 구조다.

22장 하나님 나라와 교회

② 두 번째는 목사가 교회의 주인이 되어 성도를 다스리는 교회다. 이러한 교회는 목회자가 제왕적 통치를 할 가능성이 높다.

③ 세 번째는 예수가 교회의 중심이고 목사와 성도가 아무런 구분 없이 성도로 통합되어 있는 구조다(여기서 성도로 통합하는 것은 직분 무용론을 의미하는 것이 아니라 직분의 수평화를 뜻한다).

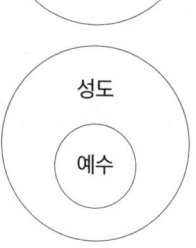

청년들이 작은 교회와 큰 교회가 별반 차이가 없다고 말하는 이유는 규모보다 교회 안에 담긴 내용을 보았기 때문이다. 교회를 보는 데 있어 규모는 핵심 사항은 아니지만 하나님 나라의 통치와 공동체성을 구현하기에는 작은 교회가 유리한 것이 사실이다. 또한 청년들이 찾는 교회는 세련된 교회가 아니다. 그들이 찾는 교회는 하나님 나라의 가치가 구현되는 교회다. 따라서 교회는 세상의 구조와 시스템에 저항하는 새로운 나라의 가치를 창출하고 지향해야 한다. 교회를 세운다는 것은 인간의 유토피아적 이상을 구현하는 것이 아니라 하나님이 원하시는 모습대로 나라를 세우는 것이기 때문이다.

그렇다면 세상의 갑질에 교회는 어떻게 대처해야 하는가? 세상의 수직적 질서와 교회는 어떻게 달라야 하는가? 세상이 편견과 착취를 일삼는다면, 교회는 어떻게 해야 하는가? 세상이 부동산에 집착하며 살아간다면, 교회는 어떻게 해야 하는가? 세상이 소비주의에 빠져 살아간다면, 교회는 어떻게 해야 하는가? 세상이 외모지상주의에 빠져 살아간다면, 교회는 어떻게 해야 하는가? 세상이 불안감을 조성하여 무한 경쟁을 유도한다면, 교회는 어떻게 해야 하는가? 세상이 청년들을 포기하게 만든다면, 교회는 어떻게 해야 하는가?

다음 세대를 위해 교회를 세우고 청년 목회에 도전한다는 것은 앞의 질문에 답하기 위해 끊임없이 고민하고 노력한다는 의미다. 세상과 교회가 별반 다를 것이 없다는 질타가 쏟아지는 이때, 교회는 세상의 이데올로기 때문에 피폐해진 일상을 살아가는 청년들에게 작은 에어포켓이 되어주어야 한다.

하나님은 교회의 회복을 전심으로 꿈꾸는 사람에게 반드시 응답하신다. 하나님의 인도하심을 바라보며 새로운 교회를 꿈꾸어가자.

맺는말

우리는 흔히 종말을 떠올리면 지구가 불덩이로 변해 폐기되는 상상을 한다. 하지만 정작 성경에서 종말은 "파괴"가 아니라 "회복"을 의미한다. 이것은 우리에게 시사하는 바가 크다. 우리는 지금 우리가 살고 있는 세상을 포기할 수 없다. 폐기되어 버려질 것이 아니라 회복될 것이기 때문이다.

요한계시록의 저자는 하나님 나라의 완성을 "에덴"의 회복이라는 그림으로 설명한다. 하나님 나라의 완성은 곧 하나님의 통치와 질서가 완전하게 이루어지는 나라로의 회복이다. 이 회복은 미래에 일어 날 일이 아니라 이미 진행 중이다. 즉 하나님 나라의 회복은 예수에 의해 시작되었다. 우리는 예수가 가져온 "회복"의 시작이 우리의 눈에는 겨자씨만큼 작게 보이고 더디 자라는 듯이 느껴지지만 계속해서 자라며 움직이고 있음을 믿어야 한다.

절망 속에 사는 사람에게 이 약속이 어떤 희망이 될지는 잘 모르겠다. 또 하나의 공허한 외침처럼 들릴지도 모른다. 하지만 나는 이 약속이 반드시 이행될 것이라 믿는다. 이것은 하나님의 마지막 약속과 같은 것이다. 인간의 약속이 아니라 창조 때부터 지금까지 약속에 신실한 하나님의 마지막 남은 약속이다. 그 약속을 기억하며 다음 구절을 함께 읽는 것으로 책을 마무리하고자 한다.

20이것들을 증언하신 이가 이르시되 "내가 진실로 속히 오리라" 하시거늘 "아멘! 주 예수여, 오시옵소서! 21주 예수의 은혜가 모든 자들에게 있을지어다. 아멘(계 22:20-21).

노마드 교회
일상에 임한 하나님 나라

Copyright ⓒ 신성관 2018

1쇄발행 2018년 2월 26일
2쇄발행 2018년 3월 26일
지은이 신성관
펴낸이 김요한
펴낸곳 새물결플러스

편집 왕희광 정인철 최율리 박규준 노재현 한바울 신준호 정혜인
  김태윤 이형일 서종원
디자인 이성아 이재희 박슬기 이새봄
마케팅 박성민 조광수
총무 김명화 이성순
영상 최정호 조용석 곽상원
아카데미 유영성 최경환 이윤범

홈페이지 www.holywaveplus.com
이메일 hwpbooks@hwpbooks.com
출판등록 2008년 8월 21일 제2008-24호
주소 (우) 07214 서울특별시 영등포구 양평로 11, 4층(당산동5가)
전화 02) 2652-3161
팩스 02) 2652-3191

979-11-6129-052-2 03230

책값은 뒤표지에 있습니다.

이 도서의 국립중앙도서관 출판예정도서목록(CIP)은 서지정보유통지원
시스템 홈페이지(seoji.nl.go.kr)와 국가자료공동목록시스템(nl.go.kr/
kolisnet)에서 이용하실 수 있습니다. CIP2018005268